海・山・街歩き＆ラン

ハワイを歩いて楽しむ本

永田さち子・文　宮澤 拓・写真

実業之日本社

はじめに

僕の大好きな、もうひとつのハワイ

宮澤 拓

　ハワイの印象を聞かれたら、多くの人は南国、青い海、白い砂浜、そしてショッピングなどと答えると思います。実際、僕も撮影などでハワイに来ていた最初の頃はそう思っていました。でもある時、ワイキキの象徴ともいえるダイヤモンド・ヘッドに登れるということを知り、もともとハイキング／バックパッキング好きの僕は、そこに登ってみました。コース自体は本書でも紹介しているように、片道30分程度の緩やかな舗装路を登っていく初心者向きのものですが、ペットボトル片手にビキニで登っていく女の子やビーチサンダルを履いて坂道を駆け上がっていく小さな子どもたちの姿がとても新鮮でした。そしてダイヤモンド・ヘッドの頂上にたどり着いた時に感じた心地よさ。それはまさに格別のものでした。汗ばんだ体をなでるように涼しい風が吹き、目の前にはワイキキを含む360度の大パノラマが広がっていました。この体験にすっかり味をしめた僕は、南の島のハイキングコースを次々歩くようになりました。マノア滝、ピルボックス、カエナ岬……。森の中を歩くコース、青い海を眼下に眺めながら進むコース、そして海岸線を行くコースなどそれぞれに特徴があり、毎回ワクワクしながら歩いています。

　今回この本で紹介しているコースは、昔からの友人でライターの永田さち子さんと実際に歩き、「いいね！」と思ったところばかり。海あり、山ありでバラエティーに富んだハイキングコースを皆さんにも楽しんでいただけたら最高です。そしてビーチやショッピングばかりでない、ハワイの魅力のひとつをみなさんと共有できたなら、"ハワイ大好き"な僕にとっては、これ以上うれしいことはありません。

ハワイは、山もおもしろい！

永田さち子

　拓さんとのつき合いは、初めてのハワイ取材から数えてすでに20年近くになります。だから彼がキャンプやハイキング、バックパッキングが好きなことは、もちろん知っていました。「いつか、ハワイのトレッキング本を作ってみたい」という野望（？）を抱いていたことも。私はというと、日本で山登りどころかトレッキングの経験は一切なし。ただ、ランニングは好きなので、ハワイでいつも走っているコースを紹介するのは楽しいかな……。そんな私たち二人のやりたいことが一致して、この本ができあがりました。

　2週間で歩いた20あまりのコースは、ビーチ沿いの散歩コースもあれば、ラニポ・サミットのように、この本を作らなければ一生体験することはなかっただろうと思われる「自分史上最難関」コースもあり、これまでのハワイ旅では味わったことがない楽しさでした。目が慣れてくるにつれ、山々に刻まれた無数のトレイルの行き先が気になり、「次はあっちのコースも歩いてみたいな」という気持ちもむくむくとわいてきました。

　ハワイは、海と山がとても近いところです。ワイキキから車で15分も行けば深い森があり、住宅街のすぐ裏からトレイルが延びています。頂上から俯瞰してみると想像以上に緑が多いことにも気づき、太平洋のまん中にこれだけ豊かな島がある奇跡みたいなものを感じずにはいられません。

　ビーチやショッピングは楽しくて、私ももちろん大好き。でも滞在中の一日、ハイキングやビーチ散歩を楽しんでみると、ハワイの楽しみ方がちょっと変わります。「次はどこを歩いてみようかな」、きっとそんな気持ちになると思います。この本が、そのきっかけになりますように。

Contents

はじめに……002

Oahu Map for Hiking & Walking
オアフ島を歩いて楽しむルートマップ…006

Special アクティブ・ダイヤモンド・ヘッド
Active Diamond Head

COURSE 1
Diamond Head Sunrise Trekking
ダイヤモンド・ヘッド・
サンライズ・トレッキング……010

COURSE 2
Go Around Diamond Head
ダイヤモンド・ヘッド一周……016

● COURSE 1/2の立ち寄りスポット……020

PART 1 Hiking & Trekking
ハイキング & トレッキング
ハワイの山・海・空を
全身で味わう12コース

COURSE 3
Lanipo Summit (Mauumae Ridge Trail)
ラニポ・サミット（マウウマエ・リッジ・トレイル）
……026

● COURSE 3 の立ち寄りスポット……032

COURSE 4
Lulumahu Falls　ルルマフ滝……034

COURSE 5
Judd Memorial Trail
ジャッド・メモリアル・トレイル……038

● COURSE 4/5 の立ち寄りスポット……041

COURSE 6
Manoa Falls　マノア滝……042

COURSE 7
Lyon Arboretum
ライオン自然植物園……045

● COURSE 6/7の立ち寄りスポット……047

COURSE 8
Koko Head Trail
ココ・ヘッド・トレイル……048

COURSE 9
Makapuu Point　マカプウ岬……052

COURSE 10
Kuliouou Ridge Trail
クリオウオウ・リッジ・トレイル……056

● COURSE 8/9/10 の立ち寄りスポット…059

COURSE 11
Kaiwa Ridge Trail (The Pillbox)
カイヴァ・リッジ・トレイル（ピルボックス）
……062

● COURSE 11 の立ち寄りスポット……066

COURSE 12
Kaena Point　South
カエナ岬 南海岸……070

● COURSE 12 の立ち寄りスポット……077

COURSE 13
Hauula Loop Trail Tour
ハウウラ・ループ・トレイル・ツアー……078

COURSE 14
Jungle Hiking Tour
ジャングル・ハイキング・ツアー……082

PART 2 Walking & Running
ウォーキング & ランニング
お散歩、爽快ランで
ハワイを再発見

COURSE 15
Waikiki Beach　East
ワイキキ・ビーチ散歩 東コース……090

● COURSE 15 の立ち寄りスポット……092

COURSE 16
Waikiki Beach　West……094
ワイキキ・ビーチ散歩 西コース

● COURSE 16 の立ち寄りスポット……096

COURSE **17**
Ala Wai Canal
アラワイ運河……098
- COURSE **17** の立ち寄りスポット……101

COURSE **18**
Ala Moana Park
アラモアナ・パーク……102

COURSE **19**
Magic Island
マジック・アイランド……104
- COURSE **18/19** の立ち寄りスポット…106

COURSE **20**
Waikiki Historic Tour
ワイキキ歴史街道ツアー……108
- COURSE **20** の立ち寄りスポット……110

COURSE **21**
Downtown Historic Tour
ダウンタウン歴史街道ツアー……112
- COURSE **21** の立ち寄りスポット……115

COURSE **22**
Waikiki Historic Trail
ワイキキ史跡巡り……118

Column

Hiking Trekking Tips 01
歩き始める前に、知っておきたいこと
……069

Hiking Trekking Tips 02
どんな装備で出かける？
……088

Hiking Trekking Tips 03
ビーチ散歩から初めてみよう！
……122

Let's Enjoy Group Running!
ロコと一緒に走る
グループ・ランニング！……120

山も海も自由自在!!
H.I.S.で楽しむ Active Hawaii……086

「ただいま！」と帰ってきたくなる
わが家のようなノスタルジック・ホテル
The Breakers Hotel……137

PART 3
Relaxation, Shopping & Food
リラクゼーション・ショッピング・グルメ
歩いて楽しむための
厳選おすすめスポット

Relaxation……124
Shopping……128
Food……134

MAP
オアフ島全図／カイルア／ダウンタウン
ホノルル／ワイキキ……138

Index……142

- コースに関する記述、難易度、距離、所要時間、高低差などの情報は厳密なものではありません。大まかな目安程度とお考えください。これらを含め、本書でのすべての記述は著者個人の体験と主観によるものです。

- 実際にコースを訪れる場合には、天候、体調、その他あらゆる状況に十分に注意と準備をしたうえで行動してください。本書及び著者はコースでの事故、怪我、トラブル等には一切の責任を負わないものとします。すべて自己判断と自己責任で行ってください。

- 住所、電話番号、営業時間、定休日、ウェブサイト、価格など、本書に記載のすべてのデータは、2015年6月取材時のものです。その後の変動が予想されますのでご了承ください。また定休日以外の祝祭日、年末年始の休みなども含め、重要な事項については、訪れる際に事前にご確認ください。

Oahu Map for Hiking & Walking

オアフ島を歩いて楽しむ
ルートマップ

Active Diamond Head

歩く、走る、登る。
ダイヤモンド・ヘッドをまるごと遊びつくす！

ハワイを象徴する景色のひとつ、ダイヤモンド・ヘッド。
ハワイ滞在中、ビーチから、街から、公園から、最も多く
目にする光景がこのダイヤモンド・ヘッドかもしれない。
ただ、眺めているだけではもったいない。
登って絶景を楽しんでもまだ、まだ、足りない。
歩いて、走って、ぐるっと巡って、そのすべてを楽しみつくそう！

30万年前の火山の大噴火によって形成されたダイヤモンド・ヘッド。19世紀に訪れた英国の水夫たちが山中でキラキラと輝く鉱石を見つけ、ダイヤモンドと勘違いしたことから、こう呼ばれるようになった。

Hiking & Trekking COURSE 1

Diamond Head
Sunrise Trekking

ダイヤモンド・ヘッド・サンライズ・トレッキング

楽園都市を一望する絶景スポットへ
ホノルルで最初の朝日を見に行こう！

ダイヤモンド・ヘッド、その雄姿が迎えてくれる楽園の島

　ホノルル国際空港に到着すると、空港ロビーへと続く通路の窓から小さくダイヤモンド・ヘッドが見える。
　「ああ、ついにハワイへやって来た！」。ずっと待ち焦がれていた時間が、現実の喜びに変わる瞬間だ。
　ワイキキへ向かう車から、海に向かっておでこを突き出した特徴的な姿が迫ってくると、比例するように旅への期待も高まってくる。ハワイを訪れる者にとって、それほど彼の山の存在は大きい。
　ダイヤモンド・ヘッドは、30万年前の火山の噴火によって出現した。232mの標高に対しクレーターの直径が1kmもあるのは、海面に接したマグマが激しい水蒸気爆発を起こし、山頂を吹き飛ば

Active Diamond Head

Hiking & Trekking / Diamond Head **Sunrise Trekking**

　してしまったからだという。ワイキキ・ビーチと街を見守るようにのびやかな姿を見せる山に、そのような激しい誕生の歴史があったとは。
　ハワイを歩いて楽しむ旅の始まりは、まずこのダイヤモンド・ヘッドへ。ホノルルでいちばんの朝日を見に行こう。

ワイキキの東にあるダイヤモンド・ヘッド山頂からご来光を拝めるのは、11月下旬～3月中旬の冬の間だけ。その瞬間を見ようと、たくさんの人が登ってくる。山頂は大賑わいだ。

1. フォート・ルーガーと呼ばれるコンクリートのトーチカの上が、山頂の特等席。2. ダイヤモンド・ヘッドから昇った朝日が、やがてワイキキの街を照らす。

Diamond Head Sunrise Trekking

3. 迂回コースの階段からサンライズの瞬間を迎える。早起きして登ってきた人だけに与えられるごほうびのような光景。 4. 夜明け前のダイヤモンド・ヘッド灯台。 5. ハワイの太陽から、大きなエネルギーをもらっているよう。

山頂から望むご来光は冬の間だけ、季節限定のお楽しみ

　午前5時半。冬のホノルルは夜明け前だ。そのまっ暗ななか、ダイヤモンド・ヘッド・クレーターのトンネル前に、車が集まり始める。開門の6時を目指し、山頂を目指す人たちが集まってくるのだ。

　ビジターセンターで入園料を払い、いよいよ登山開始。スタートからしばらくはコンクリートの道が続き、舗装が途切れたあたりからなだらかな上り坂になる。ごつごつとした山道がつづら折りになってきたら、山頂が近づいてきた証拠。76段の階段を上った先に、さらにコンクリート壁に挟まれた99段の急階段を上るルートと、東側の斜面を登る迂回ルートの2コースがある。

　ここは当然、視界が開けた迂回ルートへ。背中に温かい光を感じ振り返ると、海と空がわずかに色味を帯びてきたのが見えた。薄紅色から力強いオレンジ色へ、ご来光の瞬間だ。太陽が昇るにつれ、景色がいきいきと輝き始める。

　一年中、この景色を眺められるわけではない。ダイヤモンド・ヘッド山頂から拝むご来光は、日の出時刻が6時半〜7時前後になる冬の間だけ、季節限定のお楽しみなのだ。

1. ここに登れば、ホノルルの全容が手に取るようにわかる。

2. 夜明け直後の海。冬にはクジラの姿が見えることもある。3. 急階段のもうひとつのルート。トンネルを抜けた瞬間に広がる景色がいい。4. 山頂近くには戦時中の砲台跡が今も残る。

ぐるり360度の絶景のあとは、下りはのんびり景色を楽しもう

　山頂は、登山道終点からコンクリートのトーチカをくぐり、さらに階段を20段ほど上ったところにある。そこは、360度ホノルルを俯瞰する絶景ポイントだ。西の方向に、ワイキキ・ビーチとホテル群、その奥にはワイアナエ山脈のなだらかな山並みが見える。東側のココ・ヘッドは「ひょっこりひょうたん島」のモデルになったといわれ、大海原に横たわるクジラのような形だ。空気が澄んでいれば、その先のハナウマ湾まで見渡せることも。真下に見えるかわいらしい赤い屋根が、ダイヤモンド・ヘッド灯台だ。

　ひんやりとした空気を吸いこみ、その景色を堪能したら、あとから来た人に場所を譲り、下山することにする。登ってくるときにはまだ暗く、見えなかったクレーターを眺めながら下りていくと、ここが確かに火山だったことがわかる。

　15年くらい前、山頂のトーチカ内には「登山証明書」なるものを$1で発行していたお兄さんがいた。いつの間にかなくなってしまい、違法営業だったのかもしれないが、ちょっと残念でもある。

Active Diamond Head

Hiking & Trekking 1
Diamond Head Sunrise Trekking

5.6. 溶岩が積み重なったクレーターのなかを、山頂を目指す人たちが続々と登ってくる。7. クレーター内へ続くカハラ・トンネル。8. ビジターセンターで必ずパンフレットをもらうこと。歴史が分かっておもしろい。

どんなコース？

難易度	★☆☆
距離	往復約2.5km
所要時間	1～1.5時間
高低差	約170m
開園時間	6:00～18:00、入園料$1（車の場合1台$5）

アクセス

車の場合、ワイキキのKalakaua Ave.からMonsarrat Ave.を左折、道なりに麓を半周してDiamond Head Craterの看板がある道へ。トンネルを抜けると駐車場がある。約10分。ザ・バスの場合、23番で約15分、「Diamond Head Monument」下車、または2番で「Kapiolani Community College」下車。ビジターセンターまで徒歩約15分。

日の出前から登る場合、懐中電灯かヘッドライトがあると安心。日陰がないので、飲料水、帽子、日焼け止め必携。運動靴かトレッキング用シューズで。トイレはビジターセンター近くに。

ここで入山料を払う。

登山道にいちばん近いザ・バスの停留所。

立ち寄リスポット P.020

ツアーで行くなら H.I.S.ハワイ：ダイヤモンド・ヘッド日の出ツアー（大人$29、3～11歳$27、幼児無料）・1人より毎日催行・所要3時間 ☎808-923-3412（8:00～21:00、無休）
www.lealeaweb.com/optour/detail/17/

Walking & Running COURSE 2

Go Around
Diamond Head
ダイヤモンド・ヘッド一周

なんちゃってホノルルマラソン 気分を味わえる黄金ルート

カピオラニ公園から眺めるダイヤモンド・ヘッドののびやかな姿。麓を一周すると、さまざまに変化する姿を見ることができる。

1. 公園の一部がアーティストたちのギャラリーに。2. シャワーのように花びらが舞うシャワーツリー。3. フードトラックを見つけたら、ひと休み。4. タイムなんて、気にしない。もちろん、歩いてもOK。5. 途中には小さな劇場もある。

Walking & Running ② Go Around Diamond Head

歩いても、走っても楽しい。ダイヤモンド・ヘッドをぐるりと一周

「ホノルルマラソンを走ってみたい！」、そんなきっかけで走り始める人が多いと聞き、なるほどと思った。だってホノルルの街も、公園も、ビーチも、歩いても、走っても本当に気持ちいいのだから！

そのなかで「黄金ルート」ともいえるのが、ダイヤモンド・ヘッドの麓をぐるりと一周するコース。カピオラニ公園からダイヤモンド・ヘッドの麓を半周する、いちばん眺めがいい部分がホノルルマラソン・コースに含まれ、いわば"おいしいとこどり"。距離は8km程度と、散歩気分で歩き通しても約2時間、初心者ランナーなら1〜1.5時間程度だろう。地元の人にも人気があり、特に週末の午前中は多くのランナーとすれ違う。その姿を見ていると、はじめは興味がなくても「走ってみようかな……」と、そんな気分になってくるから不思議だ。

次々と目の前に展開する景色の変化も、このコースの魅力。早朝の公園でくつろぐ人たちや、高級住宅街の家並み、海に浮かぶローカル・サーファーたち。真横から、前から、後ろから、姿を変えるダイヤモンド・ヘッドを眺めているだけで楽しく、あきることがない。

1. このルートはホノルル・ランナーの聖地。2. 午前中のビーチではヨガを楽しむ人も多い。3.4. ダイヤモンド・ヘッド灯台あたりから見えるダイヤモンド・ヘッドの姿にも注目。5. 通り名をたどっていけば、迷う心配はない。

ランニング、ヨガ、サーフィン、ハワイのお楽しみがぎっしり！

　スタートのカピオラニ公園は、ホノルルマラソンのフィニッシュエリア。日曜の朝には無料のホノルルマラソン・クリニックが催される。ワイキキ水族館を過ぎたあたりからは左手にダイヤモンド・ヘッドの全景が見えてくる。おでこからしっぽまで、そののびやかな姿を眺められる数少ないスポットだ。ダイヤモンド・ヘッド通りに入ると、周囲は高級住宅街。凝った門扉やハワイらしさを感じさせる装飾が目を引く。

　コースはやがて海沿いへ。山頂から見えた灯台（P.014）あたりが少々きつめの上り坂。海に向かって張り出すダイヤモンド・ヘッドを真下から眺められるのもこのあたり。さきほどののびやかな姿とは異なり、なかなかの迫力だ。ランナーとともにサーファーの姿も増えてきて、彼らの後に続き、海に飛び込みたくなる衝動に駆られるかもしれない。三角形の小さな公園がある場所で海沿いの道に別れを告げる。マラソンルートは18th通りで右折するが、一周コースはダイヤモンド・ヘッドを左手に見ながら道なりに。

Active Diamond Head

Walking & Running ② Go Around Diamond Head

6. ローカル・サーファーに人気のダイヤモンド・ヘッド・ビーチ。冬には沖を泳ぐクジラの姿が見えることも。7. カハラの手前にある三角形の公園から麓に回り込む。8. 登山道入り口の先にあるアスレチック・コースは、トレーニングにうってつけ。9. カフェやプレートランチ店が並ぶモンサラット通り。

登山道入り口の先には、カピオラニ・コミュニティ・カレッジのキャンパスが見えてくる。土曜の朝なら、ファーマーズマーケット(P.023)を開催中だ。そのまま下っていけば、人気のカフェが並ぶモンサラット通り。ゴールのワイキキ・ビーチまで、あと1kmほどだ。

このコースは週末の朝がいい。ランナーや散歩を楽しむ人が増え、すれ違う人たちとどちらからともなくあいさつを交わす。そんな雰囲気を味わったら、また次の日も出かけたくなってしまうはず。

どんなコース？

【距　離】8〜9km
【所要時間】約2.5時間(ウォーキング)

歩き方

カピオラニ公園内の「Queen Kapiolani Statue(カピオラニ王妃像前)」をスタート。公園沿いに延びるKalakaua Ave.を進みDiamond Head Rd.に合流。右手に小さなビーチを眺めながらダイヤモンド・ヘッドの麓を半周し、「Fort Ruger Park」を目印に山側へ。通りはそのままMonsarrat Ave.と合流し、道なりに下ればゴールのワイキキ・ビーチ。

周回コースだから、反対周りでもOK。

立ち寄りスポット　P.020

立ち寄り
スポット

H&T + W&R 1/2

人気のカフェやショップ、ジューススタンドが並ぶモンサラット通りは、ダイヤモンド・ヘッドからの帰り道。トレッキングやランニング後に立ち寄りたい店がたくさんある。

Active Diamond Head

1/2 立ち寄りスポット

Healthy Drink

Shaka Pressed Juice
シャカ・プレスド・ジュース

ハワイメイドのコールド・プレス・ジュースで体の中からきれいに

　野菜や果物に熱を加えず、圧搾するコールド・プレス・ジュース。この店ではケール、パイナップルなどハワイ産のオーガニック食材を使い、毎日店内で手作りするジュースを味わえる。ジュースメニューは常時8種類。グラノーラやキノアのサラダも提供。

1. モンサラット通りでひときわ目立つカラフルな外観。
2. 1本$6.99から。クレンズメニューは1日分6本で$52。滞在中の1日、ジュースデトックスにトライしてみるのもいいかも？

- **MAP** P.141／ホノルル
- 3118 Monsarrat Ave., Honolulu
- 808-200-0921
- 7:00〜18:30（土・日7:30〜）
- 休 無休
- shakapressedjuice.com

Gourmet

Bogart's Café
ボガーツ・カフェ

アサイボウル人気の火つけ役。人気のヘルシーメニューをどうぞ！

　丼ほどの大きさのカップに、アサイと豆乳、オーガニックのグラノーラを入れ、たっぷりのフルーツをトッピング。ヘルシーなのにボリュームがあり、ハワイへ来たら一度は食べてみたいメニュー。ベーグルや、ハウピアソースがかかったパンケーキもおすすめ。

- **MAP** P.141／ホノルル
- 3045 Monsarrat Ave., Honolulu
- 808-739-0999
- 6:00〜18:30（土・日〜18:00）
- 休 無休
- bogartscafe.website.com

1. アサイボウル（$9.05）は、ひとりで食べきれないほどのボリューム。ベーグルやオムレツなどを一緒にオーダーし、2〜3人でシェアして食べるといい。2. 一日中、地元の人で賑わうカフェ。

1. プレートランチの注文カウンター。左側がデリコーナー。2. デリコーナーに並ぶサラダの数々。3. いちばん人気のブルーベリー・クリームチーズ・スコーン（$3.95）。焼き上がりのタイミングに遭遇できたらラッキー！

🍴 Gourmet
Diamond Head Market & Grill
ダイヤモンド・ヘッド・マーケット＆グリル

**ボリューム満点のプレートランチから
サラダ、デザートまでおまかせ！**

　ダイヤモンド・ヘッドからモンサラット通りを下ってくると、最初に現れるプレートランチ店がここ。味とボリュームの二拍子そろったメニューが評判で、トレッキングの帰りやドライブ途中に立ち寄る人も少なくない。

　隣りのデリコーナーも要チェック。ヘルシーなサラダを中心に、パスタやラザニアのイタリアンメニューが並び、電子レンジが備えてあるので熱々を食べることができる。生春巻きや日本風の巻き寿司も、小腹を満たしたいときにうれしい。

　もうひとつの名物が、ショーケースに並ぶデニッシュとスコーン。なかでもブルーベリー・クリームチーズ・スコーンは、お土産に箱買いする人もいるほどの人気。電子レンジで温めて食べると、とろけるチーズとブルーベリーの甘酸っぱさがたまらない。

ミックス・プレート（$12）。ご飯はホワイトライス（白飯）とブラウンライス（玄米）からお好みでチョイス。

MAP	P.141 ／ホノルル
🏠	3158 Monsarrat Ave., Honolulu
☎	808-732-0077
⏰	6:30～21:00（グリルは7:00～）
休	無休
💻	www.diamondheadmarket.com

Active **Diamond Head**

HOT + NEW 1 / 2 立ち寄りスポット

🍴 Gourmet
Pioneer Saloon
パイオニア・サルーン

ハワイと日本の味が絶妙にミックス。
日本人オーナーが作る料理にリピート確実

　地元の人はもちろん、ワイキキからもわざわざ通ってくるツーリストがいるほどの人気。魚のグリルや大根おろしを添えたハンバーグに、ご飯が進む。店内の一角にアンティーク・ショップがあり、できあがりを待つ間にのぞけば意外な掘り出しものが見つかるかも。

1.「アヒ・グリル」($13)はマグロのソテー。
2.「豆腐と野菜炒め」($9)。ご飯は白飯、雑穀米、玄米、わかめご飯から選べる。

隣りに、小さなシェイブアイス屋がある。

MAP P.141／ホノルル
🏠 3046 Monsarrat Ave., Honolulu
☎ 808-732-4001
🕐 11:00～20:00
休 月曜

Monsarrat Ave. Shave Ice
モンサラット・アベニュー・シェイブアイス

🕐 11:00～20:00　休 月曜

自家製シロップのやさしい甘さにぞっこん！

シロップはすべて自家製。ハワイらしいマンゴー、リリコイ（パッションフルーツ）のほか、グリーンティーやユズも。手作りのアズキのトッピングもぜひ！

グリーンティー（左）とストロベリー・マンゴー（$4～6）。シロップはもちろん、アズキ、黒みつも自家製。

🍴🛍 Gourmet & Omiyage
KCC Farmers' Market
KCCファーマーズマーケット

プレートランチの食べ歩きとお土産探しが楽しみ

　地元ハワイで採れた新鮮な野菜や果物が並び、作りたてのプレートランチやフレッシュジュースをその場で味わえる。もうひとつのお楽しみが、はちみつやジャムなどのお土産探し。生産者の人とコミュニケーションできるのも、大きな魅力。

一度は訪れてみたい、いちばん人気のファーマーズマーケット。

MAP P.141／ホノルル
🏠 4303 Diamond Head Rd., Honolulu
　（カピオラニ・コミュニティ・カレッジ駐車場）
🕐 土7:30～11:00、火16:00～19:00

Shopping

James After Beach Club
ジェイムス・アフター・ビーチ・クラブ

センスが光るセレクトショップ。
おしゃれなランニング・グッズもねらい目

鎌倉に本店を持つセレクトショップ。ハワイ中から見つけてきたヴィンテージ雑貨には、レコードプレイヤーや木製テニスラケットなど、あっと驚くほど懐かしいもの、おもしろいものがあり、ちょっと強面の店長、ジュンジさんが相好を崩しながら解説してくれるのが、これまた楽しい。

ハワイのシェーパーによるハンドメイドのサーフボードは、ここでしか手に入らない稀少なもの。オリジナルのTシャツ、パーカーなどは日本製だから品質は間違いなし。「休日は島中のトレッキングコース巡りが楽しみ」というジュンジさんおすすめのシューズも、履き心地抜群。立ち寄りスポットというより、時間をかけて店内の隅々まで、じっくりと眺めたい店だ。

1.場所は「ボガーツ・カフェ」(P.021)の並び。2.デューク・カハナモクのイラスト入りオリジナルTシャツ($28)。ベアフット・ランナー愛用の「Luna Sandal」($98)。3.自社ブランド「Delicious」のパーカー($190)は、蒸れにくいのが特徴。4.ミュージアムのような店内。

MAP P.141／ホノルル
3045 Monsarrat Ave., Honolulu
808-737-8982
10:00～18:00(日～17:00) 休無休
www.james-hawaii.com

PART 1
ハワイの山・海・空を全身で味わう12コース

ハイキング & トレッキング

ハワイの自然は海だけじゃない。ビーチタウンのすぐ近くに
緑が茂り、豊かな森、深い山がある。だから大人も子どもも
そしてワンコたちも、ハワイアンはハイキングが大好き！
そんなハワイの山・海・空を全身で感じれば、もっと楽しくなる。

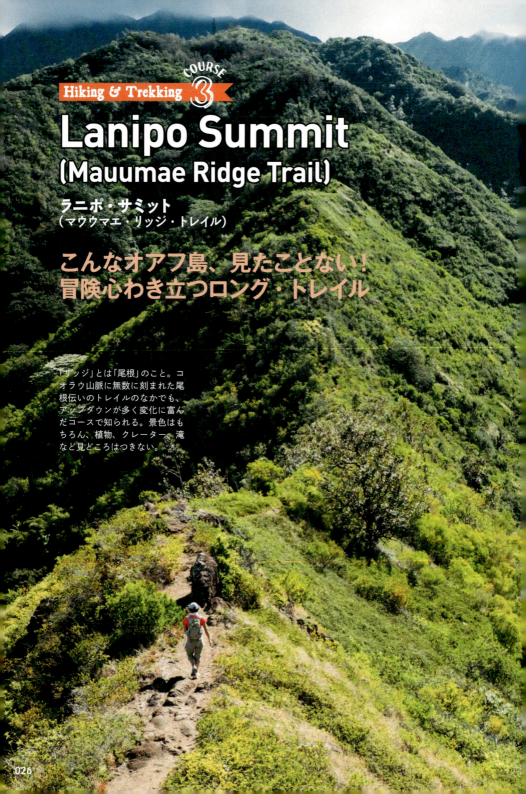

Hiking & Trekking COURSE 3

Lanipo Summit
(Mauumae Ridge Trail)

ラニポ・サミット
(マウウマエ・リッジ・トレイル)

こんなオアフ島、見たことない！
冒険心わき立つロング・トレイル

「リッジ」とは「尾根」のこと。コオラウ山脈に無数に刻まれた尾根伝いのトレイルのなかでも、アップダウンが多く変化に富んだコースで知られる。景色はもちろん、植物、クレーター、滝など見どころはつきない。

Hiking & Trekking ③ Lanipo Summit (Mauumae Ridge Trail)

往復6時間、自分史上最難関の上級コースにチャレンジ

「ラニポ・サミットへ行ってみようか」。それは、拓さんのひと言から始まった。初めて耳にするコースだ。
「いいよ、いいよ、行ってみよう！」と私。しかし、次の言葉に一瞬、凍りついた。
「往復6時間かかるみたいだけど、いい？」
日本で登山経験は全くなく、ハワイでもダイヤモンド・ヘッドくらいしか登ったことがない私に、果たして歩き通すことができるのか？　装備は？　途中でトイレに行きたくなったら…、などなど、いろんな不安が頭の中をぐるぐる回る。
けれどそのコースにはハワイの植物があふれ、クレーター、滝、パノラミック・ビューなど、ハワイ中の海や山を撮影のために訪れている拓さんでさえ、見たことがない景色が広がっているらしい。それを聞いたらもう、行くしかない！

1. トレイル入り口の標高が高いため、スタート直後からこんな眺望を楽しめる。目指すのは、尾根をいくつか越え、雲かかったあの頂上あたり。片道3時間強、長い旅の始まりだ。
2. 涼しい日陰と展望スポットが交互に現れる。
3. 火の女神、ペレの化身といわれるオヒアレフアの巨木が神秘的な姿を見せる。4. 中盤から足元を一面のシダが覆う、けもの道に。小枝の膝下攻撃が始まり、ロング丈のパンツをはいてこなかったことが悔やまれる。

変化に富んだコースとハワイの伝統植物が目を楽しませてくれる

　トレイルの入り口は、カイムキの北側にある高台の住宅街。民家の庭の脇を「ちょっと失礼します」という感じで入っていく。ニワトリやワンコの鳴き声が聞こえてくる、とてものどかな小路だ。

　5分も歩くと、カハラの街と海を一望できる最初の展望スポットに出る。そこから先は、左右に住宅街を見下ろしながらやや細い尾根筋を進む。目指すラニポ・サミットは、小さい山5つ分くらい先、雲のなかに隠れたあたりになる。

　このコースが素晴らしいのは、足元を木の根が覆っていたり、むき出しの岩や赤土の先に、モクマオウの林が現れるなど、変化に富んでいること。アップダウンを繰り返すこともあり、日なたと日陰を交互に歩く。息が上がって暑くなってきたころ、ちょうどいい具合に視界が開け、涼しく風通しのいい展望スポットで休憩できるのだ。さらにシダの群生、赤く燃え立つような花をつけたオヒアレフア、コアウッドの巨木など、ハワイの伝統植物を観察でき、楽しみはつきない。

Hiking & Trekking ③ Lanipo Summit (Mauumae Ridge Trail)

5. 標高232mのダイヤモンド・ヘッドがはるか下に。歩いてきたトレイルを振り返る。6. 終盤のハイライトは、3万〜80万年くらい前の噴火でできたといわれるカアウ・クレーターと流れ落ちる滝。このクレーターを一周するトレイルもあるという。7. 最後の難所は、この急斜面。ロープを頼りに、木の枝をハシゴ代わりに登る。膝下はもう泥まみれだ。

小枝の攻撃、どろどろの道のあとに最高のごほうびが！

　とはいえ、何の苦労もなく山頂に到達できるわけではない。中盤を過ぎたあたりから、トレイルはシダの群生を縫うようなけもの道になる。はじめのうちは気にならなかった小枝が膝下の露出部分を叩くようにあたり、じわじわと痛みを増して泣きたくなってくる。ところどころぬかるんだ赤土、ロープを頼りに岩を登る個所もあり、なかなかスリリング。
　「あといくつ、山を越えればいいんだろう…」。へたりかけてきたころ、最後のピークが見えた。

　「たぶん、あと10分くらいで着くよ」。拓さんの言葉を信じ、残った力を振り絞り足を前に出す。
　永遠に続くかに思えたトレイルの終点が見えた。ラニポ・サミットに到着だ。ダイヤモンド・ヘッドをこんなに上からのぞき込むのは初めての経験だ。ワイキキのビル群、ホノルル国際空港まで見える。ここまで歩いてきたトレイルを振り返り、「よくぞ、たどり着いた！」と、月並みだけど自分をほめたくなった。

1. 標高約800mの頂上からオアフ島の北東方向を望む。屏風のように波打つ山肌をみずみずしい緑が覆い、オロマナ山とラニカイ・ビーチのあるカイルア湾、モカプ半島、カネオヘ湾と、オアフ島北東部の見どころがほぼ見渡せる。2. 海からの湿った空気がコオラウ山脈にぶつかり雨を降らせるため、頂上まで晴れていることはとても珍しい。午後になると、みるみる雲が広がってくる。日差しを遮られると、真夏でも肌寒いほどだ。

最高の条件と、ここまで導いてくれた最高の"相棒"に感謝

　頂上の反対側からの眺望も素晴らしい。目の前に迫る3つのピークを持つ屏風岩はオロマナ山。「オアフ島のマッターホルン」のニックネームを持つ。さらにその奥にココ・クレーター、ラニカイ・ビーチと、オアフ島の地図を俯瞰しているような光景が続く。こういう気分を一度味わうと、再び出かけたくなる気持ちがなんとなくわかってきた。

　しかし、晴天は長くは続かない。何しろこのあたりは、つねに雲がかかっている場所なのだ。ほぼ360度の眺望に恵まれたことは奇跡に近い。その証拠に、北のほうからみるみる雲がわいてきて、視界を遮り始めた。じっとしていられないほど風が冷たくなり、下山の準備を始めることにした。

　この日は最高の条件に恵まれた。強風や霧に阻まれ、やむを得ず途中で引き返すハイカーが少なくないことを後から知った。ラニポ・サミットでの体験は、今回の旅のなかで最高のごほうびだ。そこに、ハワイ本の相棒である拓さんの存在があったことは、いうまでもない。

Hiking & Trekking 3 Lanipo Summit (Mauumae Ridge Trail)

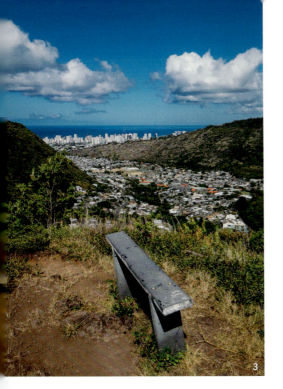

3. 往復コースなので、帰りももちろんアップダウンが続く。このベンチとワイキキのビル群が見えてきたら、ゴールはもうすぐだ。4. 行きは軽々と登れた岩場だが、最後の最後にもう一度、登るのはさすがにきつかった。気を緩めず、足を滑らせないよう、細心の注意を払う。5. 帰着。多少のすり傷はあったけれど、無事、踏破できたことに感謝！

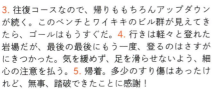

どんなコース？

【難易度】	★★★
【距 離】	往復約12km
【所要時間】	6時間
【高低差】	600m

十分な水と行動食必携。ロング丈パンツで、グローブもあったほうがいい。雨、強風、見通しが悪い日は避けること。

立ち寄りスポット　P.032

アクセス

車の場合、ワイキキからKapahulu Ave.を山側へ向かって進み、Waialae Ave.を右折しカハラ方面へ。Sierra Dr.を左折しWilhelmina Riseで左折。急な登り坂を進みSierra Dr.と再びぶつかったら右折する。そのまま少し進み、Maunalani Circleを右へ。大きなカーブを曲がった少し先、右側の住宅の間にトレイルの入口がある。所要約20分。

住宅街周辺の空いたスペースに車を停める。

Hiking & Trekking 3
立ち寄りスポット

1. 古いけれど、大切に使われていたことがわかるものばかり。オーナーの人柄が伝わってくる店。2. 人気のフラドールは、いろんなポーズものもがあり、パーツまでキレイに残っている。3. カイミキのメインストリートにある。

Antique
Surf'N Hula Hawaii
サーフィン・フラ・ハワイ

古き良きハワイを感じるアンティーク・グッズが見つかる店

　カイムキのワイアラエ通りにあるアンティーク・ショップ。日系二世のオーナーが20年以上かけて収集したフラドールやファイヤーキングのマグカップ、サーフィングッズのほか、アロハシャツ、古いレコードやステッカーも。なかでもフラドールは種類が多く、コンディションもいいものがそろう。同じ通り沿いにスリフトショップの「グッドウィル」があり、こちらは実用的な日用雑貨や古着が豊富。両方合わせてチェックすると、意外な掘り出し物が見つかる可能性大。

- MAP P.141／ホノルル
- 3588 Waialae Ave.,Honolulu
- 808-428-5518
- 10:00 ～ 17:00（土～ 16:00）
- 休 日曜

Gourmet
Via Gelato
ヴィア・ジェラート

ハワイ産の素材をふんだんに使ったやさしい甘さの手づくりジェラート

　ミルクと卵は地元、ハワイ産。ほかにも旬のフルーツやハワイらしいマカダミアナッツ、リヒムイなどを使って作る手作りジェラートは、トレッキング後のクールダウンにぴったり！　毎日、店内で手作りするため、時間帯によって異なるフレーバーが登場するので、何度でも訪れたくなる。ブラック・セサミ、グリーンティー、ライチが特におすすめ！

- MAP P.141／ホノルル
- 1142 12th Ave., Honolulu
- 808-732-2800
- 11:00 ～ 22:00（土・日～ 23:00）
- 休 月曜
- viagelatohawaii.com

行列ができるほど人気の店。

🍴 Gourmet

Sprout Sandwich Shop
スプラウト・サンドウィッチ・ショップ

ヘルシーサンドウィッチを自分好みにカスタマイズ

　ローカルに人気のレストランがひしめくグルメタウン、カイムキ。とはいえ、トレイルから下りてきて汗まみれ、泥まみれで入店するのはちょっと……。そんなときに便利な店。店名の通りスプラウトをたっぷり挟んだサンドウィッチは、メニューにトマト、アボカドなどのトッピングをリクエストでき、ヘルシーなのにボリュームも文句なし。注文してからできあがりを待つ間、店内に用意された冷たいレモンウォーターを無料で飲めるのもうれしい。土曜は、閉店時間前でも売り切れることがあるので注意して。

1.2. 分厚いターキーとベーコンを挟んだ「ザ・デューク」($7.50)がいちばん人気。ビーガン・メニューも用意。**3.** 店内にカウンター席と、外にテーブル席がある。

- MAP P.141／ホノルル
- 1154 Koko Head Ave., Honolulu
- なし
- 10:00 〜 15:00　休 日曜
- mkt.com/sproutwich

1. 毎日、店内で手作り。テイスティングもOK。**2.** カップは$3〜、コーンは$4〜。**3.** 店内にイートイン・スペースがあり、コーヒーなどのドリンクメニューもそろっている。

Hiking & Trekking COURSE 4

Lulumahu Falls
ルルマフ滝

渓流をじゃぶじゃぶ歩く
爽快感と
滝のマイナスイオンに
癒される

落差は15mほど。さほど高くないが複雑に"く"の字を描き、上までは見渡せない。滝壺で汗を流したり水遊びをする人、泥んこになった足を洗う人の姿も。

Hiking & Trekking 4 Lulumahu Falls

1. 突然、現れる牧場のような光景。アルプスの高原地帯にでも来たようだ。すぐ後ろからはハイウェイを走る車の音が聞こえ、不思議な感覚。
2. 貯水池を眺めながら、森の奥へと進む。

ハイウェイ脇から渓流が流れる森へ。一瞬にして引き込まれる

　ホノルル周辺で滝を見に行くトレイルといえば、まっ先に浮かぶのがマノア滝(P.042)。けれども、それだけではない。オアフ島の景勝地のひとつヌウアヌ・パリ周辺は、島の北東に東からの風を遮るように横たわるコオラウ山脈がわずかに途切れたところ。雨が多い場所だけに当然、滝も多い。巨木の森を縫うように流れる川の上流をたどれば、大小さまざまな滝にたどり着ける。
　そのひとつルルマフ滝は、滝へ至るまでの景色の変化がおもしろい。交通量が多いパリ・ハイウェイ沿いにトレイルの入り口があり、いつも数台の車が止まっているので、簡単に見つけられる。
　ゲートをくぐり竹やぶをかきわけながら進むと、柔らかな緑色に覆われた丘陵地帯が現れる。高原の牧場を思わせ、ハワイではない場所へタイムスリップしたよう。貯水池を左に見ながら進んだ先は、小学校のグランドのような広場。人工物と自然が交錯する不思議な光景だ。

1. 途中に小さな滝がいくつもある。滑りやすいので、転ばないよう注意しよう。 2. 広場に残された壮大な落書き。 3. ここを渡ると、いよいよ森が深くなる。 4. 岩を登る個所も少しだけある。 5. 甘い香りを放つのは、ジンジャーの一種。

水のなかを歩きたくなるのは本能？ ジャングル探検気分で滝を目指す

　かつて水道施設があったのか、あちこちにむき出しになった太い水道管が見える。稼働しているかどうか定かではない貯水池跡を抜け、いよいよ森のなかへ。途中で何度か渓流を渡る。最初は注意深くよけていたぬかるみが、「どうせ水のなかを歩くのだから」と気にならなくなったら、急に足取りが軽くなった。

　ジンジャーの葉が両側から迫る小路を抜け、倒木を乗り越え、時々は岩を登る個所もある、変化に富んだトレイルだ。岩に反響する水音がだんだん大きくなってきて、目的地が近づいてきたことがわかる。下から涼しい風と一緒に水の匂いが上がってきた。ルルマフ滝だ。

　泥だらけのシューズから解放した足を滝壺近くに浸すと、つま先から頭のてっぺんまで、全身を冷気がかけ上がっていくような爽快感が貫いた。水辺というのは、どうしてこんなに心地いいのだろう。

　落差ではマノア滝に及ばないが、"くの字"に折れ曲がるルルマフ滝は迫力満点。ハイウェイのすぐ近くに意外な穴場を発見した。

Hiking & Trekking 4 Lulumahu Falls

6

7

8

6.7. 滝壺のそばでくつろぐ人たち。水しぶきが気持ちよく、歩いてきた疲れも、泥汚れも（？）洗い流してくれる。森林浴とマイナスイオンのW癒し効果を満喫したい。**8.** 路肩に並ぶ車がトレイル入り口の目印。ゲートは2カ所あり、進行方向後ろから入ったほうがわかりやすい。

蚊が多く虫よけスプレー必携。ぬかるみや川を渡る個所があるので、滑りにくく濡れてもいいシューズで。

どんなコース？

【 難易度 】★★☆
【 所要時間 】約2時間
【 距　離 】往復約5km
【 高低差 】約150m

アクセス

ワイキキから車の場合、Mc Cully St.からH-1 Westへ。21B出口よりPali Hwy.（61号線）に入る。Nuuanu Pali Dr.との分岐点を通り過ぎ、再び合流するY字路の先にある、最初のパーキングに駐車する。所要約20分。

トレイル入り口のサイン。後方にもゲートがある。

立ち寄りスポット　P.041

037

Hiking & Trekking COURSE 5

Judd Memorial Trail
ジャッド・メモリアル・トレイル

クックパインの森がいざなうそこは
天然プールが待つビギナーコース

岩のふちにできた、天然のプール。ローカル・ファミリーにとっては、トレイルを歩くというより水遊びの場所。

キャプテン・クックゆかりの木がうっそうと茂る巨木の森

　前出のルルマフ滝(P.034)よりもっとお手軽に歩けるのが、このトレイルだ。けれど、うっそうとした森の景観は時に神秘的で、水辺に赤いトーチのような花を咲かせるジンジャーを数えながら歩くのが楽しい。

　トレイルに入って最初に現れる沢を渡ったら、竹林のT字路を左へ。しばらく歩いて登ると、背の高いクックパインに囲まれる。幹にリングのような模様があるこの木は、ナンヨウスギの一種。キャプテン・クックによってニューカレドニアで発見されたことから、命名されたという。天に向かってまっすぐ伸びる姿を見上げると、こちらもすうっと背筋が伸びてくるようだ。ちなみに「ジャッド・

5 Judd Memorial Trail

1. 最初に渡る沢。ハワイではこんな風に、ワンコ連れでトレイルを楽しむ人が多い。**2.** ループ状の周回コースなので、左右どちらへも行ける。右へ行けば、ジンジャープールへの近道。

3.4. 50〜60mの高さにまで成長するクックパイン。

「メモリアル」のトレイル名も、クックパインをこのエリアに植林した森林監督官、チャールズ・ジャッドにちなんだもの。彼はカラカウア王とともに日本を訪れたことがあると聞き、なんとなく親しみがわいてきた。われながら単純だとは思うが、こういうエピソードを知ると、歩く楽しさも倍増する。

1. ジンジャープールへは、右回りのコースをたどってくれば、入り口から5分ほど。2. プールを囲むように咲くインディアン・ヘッドはジンジャーの一種。3.4. 水辺が近くなると、クックパインの森とは異なる光景に。5. ヌウアヌ・トレイルへの分岐点。

やがて景色は熱帯雨林に。滝の下に岩風呂のようなプールを発見！

　クックパインがまばらになり、グアバやハウの木が増えて熱帯ジャングルのような景色に変わると、下のほうから水音とともに歓声が聞こえてきた。岩に囲まれた、天然のプールだ。周囲をジンジャーに囲まれていることから、「ジャッカス・ジンジャープール」の名がついた。ここは、地元の子どもたちの格好の遊び場になっている。

　森深く分け入ってきた気がするが、プールの脇に住宅が数軒並ぶ光景に、ちょっとびっくり。ループ状のトレイルをぐるっと回り、スタート地点近くまで戻ってきたのだ。ここからさらに5分も歩けば、最初に渡った沢に戻る。もし、ジンジャープールで泳ぐことが目的なら、最初のT字路を左ではなく右へ進めば近道というわけ。

　左回りのコースを取ると、前半でヌウアヌ・トレイルへの分岐点がある。こちらは距離6km、標高差300m近くある少々ハードなコース。体力に自信があれば、2つのトレイルを合わせて歩いてみるのもいいだろう。

Hiking & Trekking ⑤ Judd Memorial Trail

どんなコース？

【難易度】★☆☆
【距 離】約1.6km
【所要時間】約1時間
【高低差】約70m

虫よけスプレー必携。滑りにくく、濡れてもいいシューズで。ジンジャープールで泳ぐなら水着着用、ビーサンもあると便利。

立ち寄りスポット　P.041

アクセス

ワイキキから車の場合、McCully St.からH-1 Westへ。21B出口よりPali Hwy.(61号線)に入りNuuanu Pali Dr.で右折。右に大きくカーブした先にコンクリート橋が見えたら手前の路肩に駐車する。所要約20分。橋を渡った右側にトレイルの入り口がある。

コンクリート橋の先が入り口。

Hiking & Trekking 4/5 立ち寄りスポット

🌴 Historical Spot

Kaniakapupu
(KamehamehaⅢ Ruins)

カニアカププ
（カメハメハ3世の避暑地跡）

**王家ゆかりの宮殿跡は不思議な
パワーがあふれるスピリチュアル・スポット**

ヌウアヌ・パリ周辺は、カメハメハ大王がハワイ統一を果たした古戦場。周辺には今でも王家ゆかりの史跡が残る。カメハメハ3世が夏を過ごした宮殿跡は、建物は廃墟のようになっているが、周りの下草がきれいに刈られて整備され、現在でもレイを捧げる人が後を絶たない。不思議な静けさとともに、厳かな気分になれる場所だ。

ジャッド・メモリアル・トレイルの入り口から500m離れた水道局建物の向かい側の竹林に、ひっそりと入り口がある。サインはないので、見落とさないように。

🗺 P.139／オアフ島全図

Hiking & Trekking COURSE 5
Manoa Falls
マノア滝

マイナスイオンに満たされた虹の谷へ

1. トレイル終点のマノア滝。落差は約50m。地元の人には休日の手軽なハイキングコースとして人気があり、足しげく訪れる人も少なくない。2. トレイル全体が熱帯雨林のよう。

ビギナーにもおすすめ。ハワイ・ハイキングの入門コース

　ハワイは意外に雨が多いところだ。ワイキキは快晴でも、北側に連なる山には雲がかかっていることが多い。その方向が、マノア滝のあるマノア渓谷だ。朝晩はシャワーのような雨のあと、晴れた空に虹がかかることがよくあり、そのため「虹の谷」のニックネームをもつ。

　マノアにはハワイ語で「深い」とか「豊かな」という意味がある。かつて大勢のハワイアンが渓流を流れる川沿いに集落をつくり、飲み水や作物を育てたり、魚の養殖池にも、この豊かな水を利用してきたという。いうなれば、ハワイアンのふるさとのような場所なのだ。

　マノア滝を見に行く片道1kmのトレイルは、ダイヤモンド・ヘッドと並ぶ人気コース。旅行会社のハイキングツアーも多く催行されているので、レンタカーがなくても行きやすい。ここに来れば、ハワイの湿地帯に育つほとんどの植物を見ることができるといい、一度は訪れてみる価値がある。

Hiking & Trekking ⑥ Manoa Falls

3.4. ビーチリゾート、ワイキキからさほど離れていない場所に、こんなに豊かな緑があることに驚かされる。5. 竹林の脇は階段状に枕木が置かれていて、歩きやすい。6. 巨樹の上から注ぐ木洩れ日が、トレイルにやさしい影を落とす。

豊かな水がはぐくむ神秘の谷は、天然の熱帯植物園

　乾燥したイメージがあるハワイで、マノア周辺は雨がよく降る場所だけに、渓谷を覆う緑がみずみずしく、昼間でもひんやりした空気に包まれている。

　トレイルの入り口近くで、鮮やかな青色をした木の実を見つけたら、それはブルーマーブル。初めて見たとき、「誰かがカラーボールを落としていったのかしら？」と、思って拾い上げた。ツタが絡まる巨樹からこぼれ落ちるように薄紫の花を咲かせるのは、ブルー・トランペット・パイン。複雑に絡み合うバニアンツリーのトンネルを抜けると、どこか日本的な竹林の光景がしばらく続く。

　滝が近づくにつれトレイルはジグザグに折れ曲がり、少しずつ勾配も増してくる。足下のぬかるみにも注意が必要だ。左手にアイフアラマ・トレイルの分岐が見えたら、その先がマノア滝。落差50mの滝を見上げながら空気を吸いこむと、植物が放つ緑の匂いと一緒に、マイナスイオンで身体じゅうが満たされていくのを感じるはずだ。

1. 12〜3月は比較的水量が多く、雨が少ない夏は岩肌を湿らす程度のことも。2.3.巨樹に絡まって咲く花は、ブルー・トランペット・バイン。4.小鳥のさえずりにも耳を澄ませてみたい。

どんなコース？

【難易度】★☆☆
【距　離】往復約2km
【所要時間】約2時間
【高低差】約120m

虫よけ必携。小雨が多くトレイルの一部にぬかるみあり。雨具もあると安心。虹が出る確率は午後〜夕方が高い。

立ち寄りスポット　P.047

アクセス

ワイキキから車の場合、Kapiolani Blvd.からUniversity Ave.に入り、Manoa Rd.を北上。終点まで進むと駐車場がある。約20分。ザ・バスの場合、アラモアナ・センターから5番で約30分、終点下車。

歩き始める前に、虫よけ対策をしっかりと。

ツアーで行くなら　H.I.S.ハワイ：マノア滝ハイキングツアー（大人$60、2〜12歳$40）・2人より月〜金曜催行　所要4時間・朝食付き　☎808-923-3412（8:00〜21:00、無休）www.lealeaweb.com/optour/detail/1/　※ほかに、送迎のみのツアー（1台4名までで$67）も催行。

Hiking & Trekking COURSE 7

Lyon Arboretum
ライオン自然植物園

6千種類の植物の散歩道

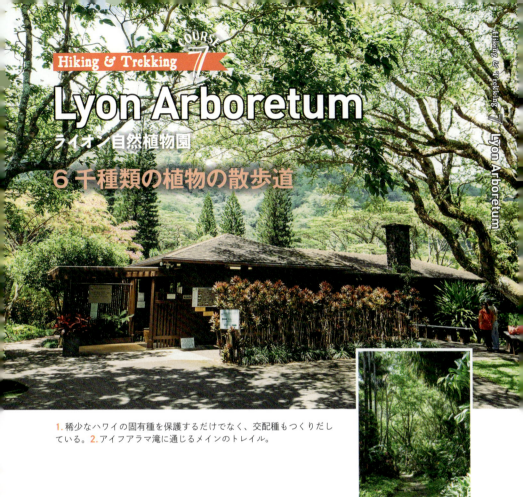

1. 稀少なハワイの固有種を保護するだけでなく、交配種もつくりだしている。 2. アイフアラマ滝に通じるメインのトレイル。

ハワイ固有の植物をじっくり観察できる植物園

　マノア滝トレイルに隣接してあるライオン植物園は、ハワイ大学が運営する植物試験場。自然の森をそのまま生かし、絶滅の危機にある稀少な固有種を保護し、自然繁殖させている。

　まず、ビジターセンターに立ち寄る。入園料は必要ないが、ここでトレイルガイドをもらいドネーション（寄付）を。うっそうとした森のなかに小さなトレイルが複雑に延びているが、トレイルガイドと番号標識を照らし合わせながら歩けば迷子になる心配はない。ほかではなかなかお目にかかれない花も多く、なかでもハイビスカス類が豊富なハワイアン・セクションは必見だ。

　メインのトレイルを進めば、30分ほどで終点のアイフアラマ滝に到着する。周辺にはジンジャー類、ヘリコニアの種類も多い。コース取りによってもっと長い距離を楽しむこともでき、植物好きにはたまらない場所だ。マノア滝まで来たら、ぜひこちらにも足を延ばしてみたい。

1. ハワイの固有種の宝庫。
2. 黄色のオヒアレフアはとても珍しい。
3. 原始の森を歩いているよう。
4. ヘリコニアの種類も多い。
5. ひときわ甘い香りを放つホワイト・ジンジャー。
6. 終点のアイフアラマ滝。この日は水量が少なくて残念。

どんなコース？

【 難易度 】★☆☆
【 距　離 】往復約3.5km
【 所要時間 】約1.5時間
【 高低差 】約70m

虫よけとともに、トレイルガイド必携。トイレはビジターセンター内にある。閉園時間までに歩き終えること。

アクセス

ワイキキから車の場合、Kapiolani Blvd.からUniversity Ave.に入り、Manoa Rd.を北上。マノア滝トレイル入り口の手前を左方向へ上る。約25分。ザ・バスの場合、アラモアナ・センターから5番で約30分、終点のManoa Valley下車、徒歩10分。

マノア滝トレイル入り口を通り過ぎた場所。

立ち寄りスポット　P.047

MAP P.141／ホノルル
3860 Manoa Rd., Honolulu
808-988-1456
8:00 ～ 16:00 (土日9:00 ～ 15:00)　休日曜
manoa.hawaii.edu/lyonarboretum

🍴 Gourmet

Morning Glass Coffee+Cafe
モーニング・グラス　コーヒー＋カフェ

香り高いドリップ・コーヒーで
ほっとひと息

　注文を受けるごとに1杯分ずつ豆を挽き、ていねいにドリップするコーヒーには、ハワイ産をはじめ世界中から厳選した豆を使用。自家製のマフィンやスコーンとともに味わいたい。閉店時間が比較的早いので、トレッキング前の腹ごしらえに訪れるのがおすすめ。

- MAP P.141／ホノルル
- 2955 E. Manoa Rd., Honolulu
- 808-673-0065
- 7:00 〜 16:00（土7:30 〜、日7:30 〜 13:00）　休 無休
- www.morningglasscoffee.com

1. チーズオムレツ$8。2. 自家製スコーンは$2.50 〜。3. マノアの人気店。オープン前から待つ人もいる。

🍴 Gourmet

Andy's Sandwiches & Smoothies
アンディーズ・サンドウィッチ＆スムージーズ

自家製パンのサンドウィッチは
学生たちにも大人気！

　1977年の創業以来、近くにあるハワイ大学の学生たちに愛され続けるサンドウィッチショップ。店内で毎朝焼く全粒粉のパンに、自家製のターキーを挟んだメニューがいちばんの人気。レタス、トマトなどの野菜は、できる限りハワイ産のものを使っている。

- MAP P.141／ホノルル
- 2904 E. Manoa Rd., Honolulu
- 808-988-6161
- 7:00 〜 17:00（金〜 16:00、日〜 14:30）　休 土曜
- www.andyssandwiches.com

1. 野菜もたっぷりでヘルシー。ターキーサンド$7.50。ハワイ産のフルーツを使ったスムージーの種類も豊富。2. 店内と店の外にもイートイン・スペースがある。

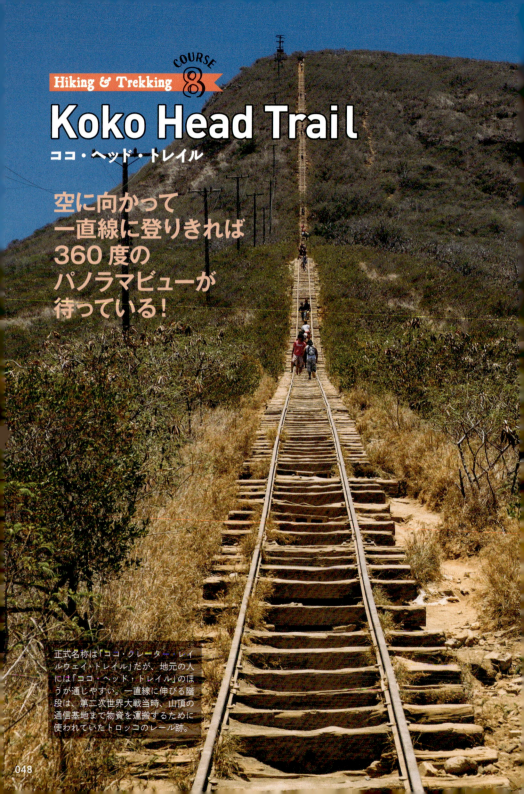

Hiking & Trekking　COURSE 8

Koko Head Trail
ココ・ヘッド・トレイル

空に向かって
一直線に登りきれば
360度の
パノラマビューが
待っている！

正式名称は「ココ・クレーター・レイルウェイ・トレイル」だが、地元の人には「ココ・ヘッド・トレイル」のほうが通じやすい。一直線に伸びる階段は、第二次世界大戦当時、山頂の通信基地まで物資を運搬するために使われていたトロッコのレール跡。

Hiking & Trekking ⑧ Koko Head Trail

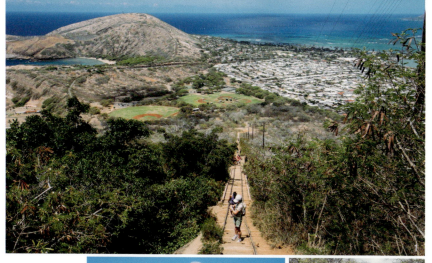

1. ハワイカイの街、ハナウマ湾がはるか下のほうに。頂上はもうすぐ！　2. 注意書きの看板。『落っこちると命の危険も！』　3. 一直線の階段が遠くからでもくっきり。　4. トレイルの入り口。5. ところどころレールの下の地面が抜けている場所がありスリリング！

空へとつながるハシゴ、その数1048段！

　オアフ島南東部の海岸線をドライブしていると、さほど高くはない山の頂上から一直線に梯子を垂らしたようなトレイルが目に飛び込んでくる。目をこらすと、頂上を目指す人々がジオラマのように張り付いているのが見えるではないか。
　「あんなクレイジーなコースを上るもの好きな人が、ハワイにはたくさんいるんだね」などと軽口をたたいていた私が、今回、まさかのそのひとりになった。
　斜面にほぼ垂直に渡されたレールは、序盤は緩やかな上り坂。枕木の一部が崩れかけた場所があり、足元に注意しながらも、景色を振り返る余裕がある。しかし、3分の1を過ぎてレールの下が一部抜け落ちたあたりから勾配がきつくなり始め、あとはひたすら、心拍数との戦いだ。
　そんななか、後ろからすごい勢いで追い越していく人、さらに前方からは駆け下りてくる人も。1日に何往復も上り下りするトレイルランナーがいると聞き、「クレイジー！」のひと言しか出てこない。

1. 先端の岬のように見えるのがダイヤモンド・ヘッド。ワイキキから眺める形とまるで違うことがわかる。海岸線まで、くっきり見える。 2.3. 頂上の反対側の展望スポットからは、島の東海岸を一望。右側の切り立った岩場もトレイルのひとつ。山頂に吹く風は、心地よさを通り越して寒いくらいだ。

頂上に到達してからが、本当のお楽しみの始まり

　頂上を目指し、登り続けること約30分。最後の1段を踏みしめた瞬間、重力から解き放たれた。流れる汗をぬぐうことすら忘れ、しばらく放心状態が続く。涼やかな風に少しずつ体が冷えてきて眼下に目をやると、右方向にダイヤモンド・ヘッドと奥に連なるワイキキのビル群、水上都市のようなハワイカイ、左はハナウマ湾まで見渡せる。頂上の反対側に回り込むと、もうひとつの絶景が待っていた。東海岸のサンディ・ビーチからマカプウ岬、ぐるりと弧を描く水平線。冬にはここからクジラの姿を望むこともできるという。心拍数との戦いを制した体に、あまりあるほどのごほうびだ。

　帰りは登りの半分の時間もかからない。眼下の景色を楽しみながら、ただ足を滑らせないよう、注意深く下りよう。

　地元ランナーには10分少々で上りきる強者もいるらしい。タイムを競うか、のんびり景色を愛でながら上るか、楽しみ方はそれぞれ。もちろん私は、後者だ。

Hiking & Trekking ⑧ **Koko Head Trail**

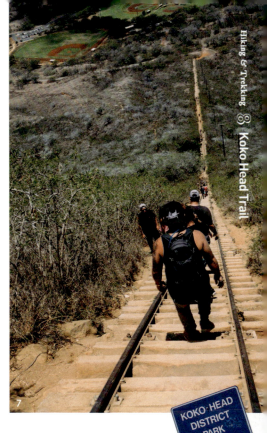

4. 山頂でくつろぐファミリー。お弁当を持参し、ピクニック気分でやってくる人も多い。日陰がほとんどないので、日焼け止め、帽子、サングラス必携。5.6. 願いごとを紙に書き、箱のなかに入れておくと叶うという「PRAYER BOX」。7. 高所恐怖症の人には少々厳しい下りの光景。雨上がりは特に滑りやすく、足元に十分注意して！

どんなコース？

【 難易度 】★★☆
【 距　離 】往復約2km
【所要時間】1〜1.5時間
【 高低差 】約125m

トイレは駐車場内にある。飲料水は多めに、500mlを最低2本は持参。高所恐怖症の人は避けたほうがいい。

立ち寄りスポット　P.059

アクセス

ワイキキから車の場合、Kapiolani Blvd.からH-1 Eastへ。道路名がKalanianaole Hwy.(72号線)に変わり、Hawaii Kaiを過ぎたらLunalilo Home Rd.を左折、Anapalau St.を右折しKoko Head District Parkへ。所要約30分。ザ・バスの場合、22・23番で約40分、Kalanianaole Hwy.+Hanauma Bay Rd.下車、徒歩10分。

公園に入ったらいちばん奥の駐車場に車を停める。

ツアーで行くなら　H.I.S.ハワイ：【エコキャブ】で行くココ・ヘッド・トレイル往復送迎（1台4名まで$115）1人より毎日催行・所要3時間〜　☎808-923-3412（8:00〜21:00、無休）
www.lealeaweb.com/optour/detail/106/

Hiking & Trekking COURSE ⑨

Makapuu Point
マカプウ岬

目指すはオアフ島最東端、赤い帽子の灯台へ

複雑な海岸線と、吸い込まれそうなほど青い海に見とれる

　ゴツゴツした岩肌が海に迫り、複雑な海岸線が美しいオアフ島東海岸。その景観をぐるりと見渡せるのが、島の最東端につき出したマカプウ岬だ。駐車場からスタートするトレイルは、緩やかな上り坂の舗装路。そのせいか、バギーを押すファミリーやお年寄りがのんびり歩く姿が見られ、ランナーにも多くすれ違う。

　右手に海を眺めながら大きく左にカーブすると、一気に視界が開けてくる。目の前は海と空の青色だけ。水平線にうっすらと浮かび上がる島影がマウイ島のハレアカラ。もっと空気が澄んでいればラナイ島、モロカイ島まで見渡せるに違いない。ココ・ヘッド・トレイル同様、ここもまた冬はホエール・ウォッチングの人気スポットになる。

　前方の岩肌に見え隠れする赤い帽子が、マカプウ灯台。さらに登っていくと、展望台のある場所が島の最東端だ。さきほどのマカプウ灯台の全容を望むことができ、見下ろしているとそのまま群青の海に吸い込まれていきそうになる。

白砂の海岸が、マカプウ・ビーチ。その先に見える赤い屋根はシーライフ・パーク（P.060）、さらにカイルアまで見渡せる。

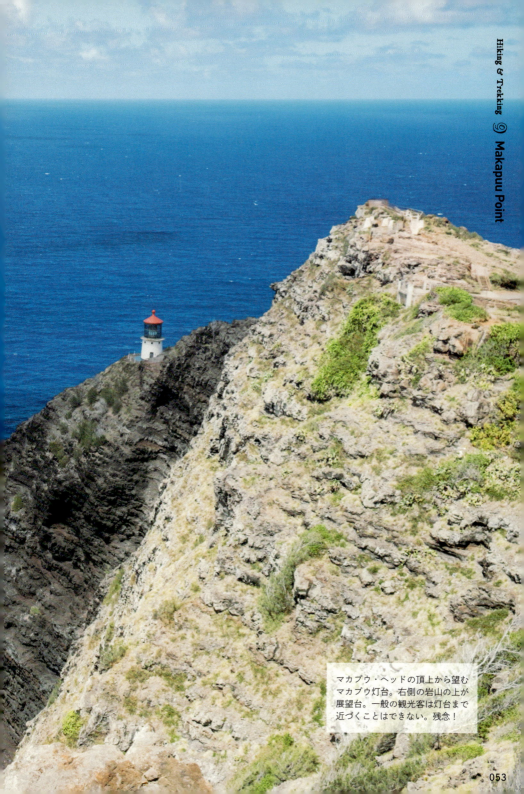

Hiking & Trekking ⑨ Makapuu Point

マカプウ・ヘッドの頂上から望むマカプウ灯台。右側の岩山の上が展望台。一般の観光客は灯台まで近づくことはできない。残念！

1. ゆるやかにカーブするトレイル。行きは右手に海を眺めながら歩く。 2. 正面がココ・クレーター、その奥がココ・ヘッド。 3. 奥に見える島がマナナ（ラビット）、手前がカーオヒカイプ（カメ）。 4.5. マカプウ・ヘッドの展望台とマカプウ灯台。

さらなる絶景を目指し、トーチカのある頂上へ

　舗装されたトレイは、展望台まで。せっかく来たのだから、マカプウ・ヘッドの頂上を目指し岩肌に刻まれた細い道を登ってみることにしよう。地面はとても乾燥していて、低木とサボテンがあるばかり。でもその間に、強い日差しを避けるように咲くヒルガオによく似た花もいくつか見つけた。

　点在する四角いコンクリートの建物は、第二次世界大戦中に作られたトーチカ（要塞跡）。見晴らしのいい場所を選んで建てられたようだ。いちばん高い場所のトーチカからは、屏風のような縞模様が刻まれたココ・クレーターの内側までのぞき込める。海上に浮かぶふたつの島は、ポッコリした形の大きなほうがマナナ、手前の小さいほうがカーオヒカイプ。ハワイ語でウサギとカメという意味だ。

　帰り道は、ゆるやかにカーブするトレイを、ペレの椅子、サンディ・ビーチ、ココ・ヘッドといった東海岸のスポットを眺めながら歩く。その景観は想像以上に荒々しく、オアフ島のもうひとつの顔を見ているようだ。

Hiking & Trekking ⑨ Makapuu Point

6

7

8

6.7. 展望台の後方にそびえる頂上までは、トーチカを目印に岩肌を縫うように歩く。展望台まで来て引き返す人が多いけれど、ここまで登らなければ、もったいない。**8.** トーチカの内部には崩壊した場所もあり、上には乗らないほうがいい。

どんなコース？

【 難易度 】★☆☆
【 距　離 】往復約3.5km
【所要時間】約1.5時間
【 高低差 】約150m

展望台までは舗装道路のため子ども、お年寄りでも歩きやすい。日陰がないので日焼け＆暑さ対策はしっかりと。

立ち寄リスポット　P.059

アクセス

ワイキキから車の場合、Kapiolani Blvd.からH-1 Eastへ。道路名がKalanianaole Hwy.（72号線）に変わり、Hanauma Bay、Sandy Beachを通過し、Hawaii Kai GCを通り過ぎて「Ka Iwi」と書かれた看板で右折。所要約40分。その先に駐車場とトレイルの入リ口がある。ザ・バスの場合、22・23番で約1時間、Sea Life Park下車、徒歩20分。

いつも多くの車が停まっている駐車場。

ツアーで行くなら　H.I.S.ハワイ：マカプウ・ハイキング（1名$29、送迎のみは1台4名まで$125）2人より毎日催行・所要4時間 ☎808-923-3412（8:00〜21:00、無休）
www.lealeaweb.com/optour/detail/1252/

Hiking & Trekking COURSE 10

Kuliouou Ridge Trail

クリオウオウ・リッジ・トレイル

ハワイ固有の植性と絶景を楽しむ尾根伝いのトレイル

クリオウオウ・リッジ・トレイル終点からの眺め。左方向に二つの小島が浮かぶのがラニカイ・ビーチあたり、右方向に浮かぶ島は、マカプウ岬(P.053)からも見えたマナナの反対側。

ハワイアンの可憐な花々に導かれ、ふかふかのじゅうたんの森へ

　ハワイでハイキング、トレッキング好きのローカルに、「おすすめのコースを教えて」とたずねると、必ず名前が上がるのがここ。「オアフ島の背骨」と呼ばれるコオラウ山脈の、首の付け根に近いあたりに位置し、ハワイの固有種がたくさん残っていることから、植物好きの人も多く訪れる場所だ。

　住宅街にあるトレイル入り口のゲートをくぐった瞬間、緑のなかに分け入る感覚が迫る。やがてトレイルが二股に分かれるが、今回は右方向の「リッジ・トレイル」を目指す。ちなみに左後方の「バレー・トレイル」は、かなりハードらしい。

　前半は木陰の下を歩く比較的涼しいコース。木々の間から顔をのぞかせる小さな花がハワイ固有種のウーレイ。花弁が桜に似た、白くかわいらしい花だ。やがて細い葉がシャワーのように降り注ぐモクマオウの森に踏み入ると、ふかふかのじゅうたんの上を歩いているよう。時々、視界が開けた場所からは住宅街と海がずいぶんと下に見え、標高が上がってきたことがわかる。

1. ここがいちばんの難所だけれど、階段状になっているので傾斜がある割には登りやすい。
2. 振り返るとココ・ヘッドからハナウマ湾まで見渡せる。

3. トレイルの前半は木陰の涼しいコース。4. 中盤にある休憩所。ハードになる後半に備え、ひと休み。
5. トレイル終点は広々とした展望台。ただしフェンスはなく、崖下に落っこちないよう注意して。

強烈な日差しのなかに現れるまっ赤な花、オヒアレフア

　モクマオウの森の途中にあるのが、屋根付きの休憩所。ここまでは比較的なだらかなコースだ。先を急ぎたくなるけれど、後半に備えて休憩をとりスナック類で小腹を満たしておくよう、同行のガイドさんにすすめられた。

　ガジュマルが複雑に絡み合うツリートンネルを抜けると、日差しを遮る木々が少しずつなくなってくる。強烈な日差しのなか、まっ赤に咲く花が火の女神、ペレの化身といわれるオヒアレフアだ。

　このあたりから道はいよいよ険しさを増してくる。むき出しの赤土に刻まれた急こう配の階段を上りきれば、トレイルの終点に到達。ちょっとした広場のような場所から、ダイヤモンド・ヘッド、ハナウマ湾、カイルア方向までのパノラマビューが広がる。

　周辺では、斜面を一直線に上るココ・ヘッド・トレイル（P.048）、海沿いを歩くマカプウ岬（P.052）がよく知られているが、クリオウオウは全く景色が異なる。ハワイ固有の植物も観察できるので、歩き比べてみるとおもしろい。

1. オヒアレフアは、まっ赤に燃えるような花が印象的。
2. 有害な外来種の種子の侵入を防ぐために設置された靴裏用のブラシ。トレイルに入る前に、しっかりと土を落としていこう。
3. 野生のランも多く見ることができる。
4. 桜に似た可憐な花はウーレイ。甘い香りを放つ。

どんなコース?

難易度	★★☆
距離	往復約8km
所要時間	約5時間
高低差	約550m

周辺にトイレはないので、出かける前に済ませておく。多めの飲料水と、行動食も少しあると安心。

立ち寄りスポット　P.059

アクセス

ワイキキから車の場合、Kapiolani Blvd.からH-1 Eastへ。道路名がKalanianaole Hwy.(72号線)に変わり、Aina Hainaを過ぎKuliouou Rd.を左折。途中で道が二股に分かれるが、そのままKulioulu Rd.を進み、Kalaau Pl.で右折し、行き止まり周辺に駐車。所要約40分。

ゲートの奥でトレイルがふたつに分かれるが、右方向へ。

Hiking & Trekking 8/9/10
立ち寄りスポット

1. マリーナに浮かぶように立つレストラン。高級クルーザーを眺めながら飲むビールは、また格別。 2.3. 直営レストランは、ブリュワリーのあるハワイ島コナと、オアフ島ではここだけ。 4. ピッツァは$12〜。メニューには料理と相性のいいビールの紹介があるので、参考にして選ぶといい。

Gourmet
Kona Brewing Company, Koko Marina Pub
コナ・ブリューイング・カンパニー
ココ・マリーナ・パブ

トレッキング後の渇いたのどを冷たいビールで潤したい!

- MAP P.139／オアフ島全図
- 7192 Kalanianalole Hwy., Honolulu（ココ・マリーナ・ショッピング・センター内）
- 808-396-5662
- 11:00〜22:00　休 無休
- konabrewingco.com/blog/pubs/koko-marina-pub

ココ・ヘッドもマカプウ岬も爽快なコースながら、日陰のないトレイルを歩くため、のどの渇きはかなりのもの。無事踏破した後は、冷たいビールで自分にごほうびをあげたくなる。そんなとき立ち寄りたいのがここ。ハワイでナンバー1の人気を誇る地ビール「コナ・ビール」の直営レストランだ。ハワイ島にあるブリュワリーから直送される生ビールは11種類。ほかに季節限定のビールが加わり、そのなかから4種類を選んで味わえる「サンプラー」がおすすめ。

フロアの奥は、クルーザーが停泊するマリーナ。潮の香りが漂うテラス席に陣取って、冷たいビールをグイッとあおった瞬間、炎天下を歩いた疲れが吹き飛ぶはず。ただし車の場合、ドライバーさんには我慢してもらって。

1. ハワイ出店を記念してメニューに登場した「ピンクス・フェイマス・ハワイアンスタイル・ドッグ」($9.99)。20cm超のロングソーセージとコールスロー、ドール産のパイナップル入り。 2. 迫力満点のイルカのショーも必見！ 3. ここが全米で14番目、ハワイでは初めての店。

Gourmet

Pink's
ピンクス

ハリウッドで人気のホットドッグを食べられるのは、ハワイでここだけ

MAP	P.139／オアフ島全図
🏠	41-202 Kalanianalole Hwy., Waimanalo（シーライフ・パーク・ハワイ内）
☎	808-259-2500
⏰	10:30 〜 15:30（パークは9:30 〜 17:00）
休	無休
💻	www.pacificresorts.com/hawaii/sealifepark/gourmet/pinks

※パーク内見学には別途、入場料（大人$29.99、3〜12歳$19.99）が必要。(2016年3月31日までの料金）

　1939年、ロサンゼルスで創業した老舗ホットドッグ店。ハリウッドにある1号店には、映画スターやセレブも多く訪れることで有名だ。その名物ホットドッグをハワイで唯一食べられるのが、ハワイ近海に生息する海洋生物を観察できる「シーライフ・パーク・ハワイ」のフードコート。定番は「チリ・チーズ・ドッグ」($8.99)。ハワイ店限定メニュー、フレッシュなドール・パイナップルをトッピングした「ピンクス・フェイマス・ハワイアンスタイル・ドッグ」も試してみたい。

　ピンクスでの飲食だけの場合、無料で入場可能。でもせっかくここまで来たら、キュートなアシカやペンギンのショー、イルカと一緒に泳いだり、水中のサメをフェンス越しに観察するプログラムもぜひ体験してみて。

🍴 Gourmet

Moena Cafe
モエナ・カフェ

老舗ホテル仕込みのパンケーキ＆ロコモコをぜひ味わって

　オーナーシェフはワイキキの名門ホテルでシェフを務めていた経歴の持ち主。その腕前を生かし、パンケーキやロコモコのソースにひと手間もふた手間もかけた料理を提供する。その味をローカル価格で味わえるとあって、週末は行列ができることも珍しくない。

1.「シナモン・ロール・パンケーキ」($12)。
2.「ショートリブ・ロコモコ」($15.95)。
3. 10～11時、14時以降が比較的すいている。

MAP P.139／オアフ島全図
7192 Kalanianaole Hwy., Honolulu（ココ・マリーナ・ショッピングセンター内）
808-888-7716
6:30～15:00　休 無休
moenacafe.com

🍴 Gourmet

Uncle Clay's House of Pure Aloha
アンクル・クレイズ
ハウス・オブ・ピュア・アロハ

ハワイ産100％！　添加物なしの自家製シロップだから安心

　地元の人がビーチやトレッキング帰りに必ず立ち寄る人気の店。シェイブアイスにかけるシロップはもちろん、トッピングのアイスクリームやアズキもすべて自家製。リリコイ、グアバ、マンゴーなどハワイ産のフルーツを使った自然な甘さだから、後味もすっきり。

1. ミニ($2.50)、レギュラー($3.75)、ラージ($4.75)の3種類。トッピングはお好みで。
2.3. スタッフの対応も親切。中央が店主のクレイさん。

MAP P.139／オアフ島全図
820 W. Hind Dr., Honolulu（アイナ・ハイナ・ショッピングセンター内）
808-373-5111
11:00～18:00（金・土10:30～20:00）
休 無休
www.houseofpurealoha.com

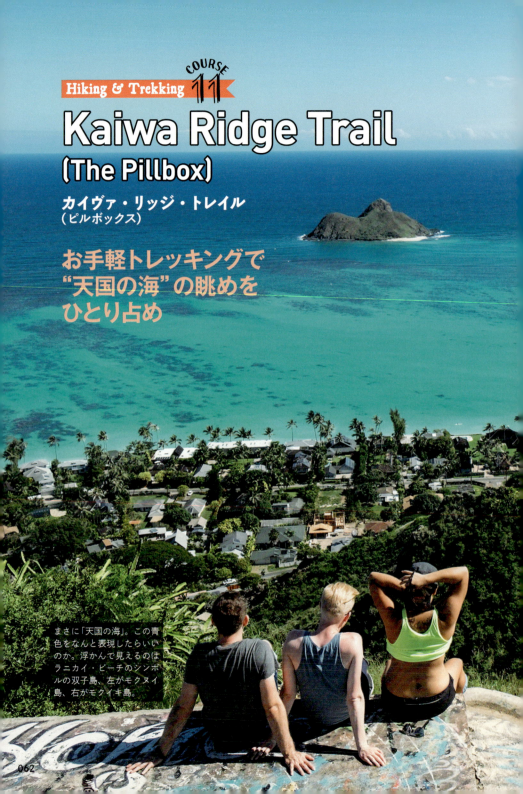

Hiking & Trekking COURSE 11

Kaiwa Ridge Trail
(The Pillbox)

カイヴァ・リッジ・トレイル
(ピルボックス)

お手軽トレッキングで
"天国の海"の眺めを
ひとり占め

まさに「天国の海」。この青色をなんと表現したらいいのか。浮かんで見えるのはラニカイ・ビーチのシンボルの双子島、左がモクヌイ島、右がモクイキ島。

Hiking & Trekking 11 Kaiwa Ridge Trail (The Pillbox)

人気ビーチタウンの、もうひとつの名物スポット

　オアフ島東海岸のカイルアは、ノースショアのハレイワと並ぶ人気のビーチタウン。その美しさから「天国の海」と呼ばれるラニカイ・ビーチで遊び、セレクトショップやレストラン巡りを目的に訪れる人が多い。しかしもうひとつ、忘れてならない名物スポットがカイヴァ・リッジ。カイルアの街も海も一望でき、地元の人たちから「ピルボックス」のニックネームで親しまれている場所だ。

　この日、ハワイの友人一家を誘い、にぎやかなメンバーで出発した。高台の住宅街にあるトレイルの入り口は、よそのお宅の裏庭からアプローチする。お気軽コースに思えるが、予想に反してのっけからのダートコース。なるべく滑りにくそうなルートを選びながら登っていく。

　5分もすると、いきなり視界が開けた。白砂のビーチから双子の島へと続くブルーのグラデーションは、海底までくっきり見えるほど澄んで美しい。左にその景色を眺めながら、乾いた岩山を尾根伝いに進む。スタートから約30分でひとつ目のピルボックスに到着。ちなみにピルボックスとは、戦時中に造営された武器や弾薬を保管しておくためのトーチカ（防衛陣地）のこと。ダイヤモンド・ヘッド（P.008）、マカプウ岬（P.052）などにもあり、たいていが派手な落書きで彩られ、展望台代わりになっている。

063

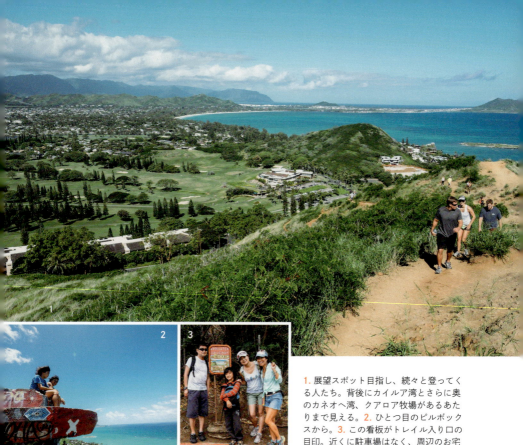

1. 展望スポット目指し、続々と登ってくる人たち。背後にカイルア湾とさらに奥のカネオヘ湾、クアロア牧場があるあたりまで見える。 2. ひとつ目のピルボックスから。 3. この看板がトレイル入り口の目印。近くに駐車場はなく、周辺のお宅の迷惑にならない場所に路駐する。

進めば進むほど開ける視界に、歩みが止まらない！

　混雑するひとつめのピルボックス上で少しだけ休憩し、もう一段、高い場所にあるふたつめのピルボックスを目指す。目視では次の目的地まで10分くらいだ。ふたつ目のピルボックスで、友人が持ってきてくれたフルーツとスナックでピクニックタイム。この先の尾根伝いに続くトレイルを目で追うと、はるか下のビーチまでたどり着けそうにも見える。カイルアの街の背後に迫る山々にも、トレイルらしき道が何本も刻まれているではないか。かたわらで撮影中の拓さんに、「どこまで続いているんだろう。ずっと歩いて行けるのかな」と、声をかけると、「島中、歩いてみたい場所が、どんどん増えてきたよね」と、返事が返ってきた。

　名残り惜しいけれど、この日はここまで。来た道を引き返し、帰りにカイルアの街でランチタイムを楽しむことにする。次回は下調べをきちんとして、トレイルの終点まで行ってみたい。そんな思いでピルボックスを後にした。

Kaiwa Ridge Trail (The Pillbox)

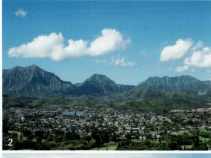

1. 美しい弧を描くワイマナロ・ビーチからマカプウ岬まで。手前の小山にもトレイルが刻まれているのがわかる。 2. カイルアの街の背後に迫る山並み。雲がかかっていることが多く、これだけくっきり見えることは珍しい。 3. ファミリーハイカーも多い。滑りやすい場所には迂回コースやロープがある。 4. 距離も難易度も手ごろなので、カイルアまで出かけたらぜひ登ってみたい。

どんなコース？

【難易度】★☆☆
【距 離】往復約3.2km
【所要時間】1.5～2時間
【高低差】約180m

難易度は高くないが、雨の後は滑りやすく、風が強い日は滑落の危険もあるので、ナメてかからないこと。

立ち寄りスポット P.066

アクセス

WaikikiからH1-Westに乗り21B出口でPali Hwy.(61号線)をカイルア方向へ。Kailua Rd.を進みS. Kalaheo Ave.を右方向へ、Kailua Beach Parkを過ぎたらAlala Rd.で左折。道路名がMokulua Dr.、Alapapa Dr.へと変わり、Kaelepulu Dr.で右折。ゴルフ場のフェンス横に車を停め、左の道を上っていくと正面にトレイル入口がある。

住宅街の脇を抜けていく。

ツアーで行くなら

H.I.S.ハワイ：【エコキャブ】で行くカイヴァ・リッジ・トレイル往復送迎(1台4名まで$125) 1人から毎日催行・所要4時間 ☎808-923-3412 (8:00～21:00、無休)
www.lealeaweb.com/optour/detail/1492/

立ち寄りスポット 11

Hiking & Trekking

Gourmet & Omiyage

Kalapawai Market
カラパワイ・マーケット

オールド・ハワイの雰囲気を味わえる老舗マーケット

1932年の創業以来、地元の人に愛されてきたゼネラルストア。グリーンと白を基調にしたプランテーション・スタイルの建物が、オールド・ハワイの雰囲気たっぷり。カイルア・ビーチパークの入り口にあるので、ビーチの行き帰りに立ち寄る人も多い。ちょっとした日用品からビーチグッズ、コーヒーやスナック、ワインのセレクションも充実し、お店のロゴ入りのTシャツ、小物などはお土産にしても喜ばれそうだ。

店の奥にあるデリの料理も人気で、サラダ、サンドウィッチ、ピッツァのほか、デザート・メニューも充実。カウンターで注文したらレシートを受け取り、できあがりを待っている間にレジで会計を済ませるシステム。店内と店の外にもイートイン・スペースがある。

1.2. ホット・サンドウィッチ$7.99〜、ショーケースに並ぶガーリック・シュリンプ、ポケなどのププ(前菜)やサラダは、好きな量だけ計ってもらって買える。デリとは思えないほど、本格的な味にファンは多い。

- 🗺 P.139／カイルア
- 🏠 306 S. Kalaheo Ave., Kailua
- 📇 808-262-4359
- 🕐 6:00〜21:00 (デリは6:30〜20:00)
- 休 無休
- 💻 www.kalapawaimarket.com

3.4. お店のロゴ入りグッズがお目当てだったり、建物の写真を撮るために訪れる人も少なくない。

2. レザーサンダルのソールは「ビブラム」製。すり減ってきたら貼り替え可能だ。

3.4. Tシャツのイメージそのままに、温かみのある店。

1. ハンドプリントのオリジナルTシャツ（$38）と、「Wimini」の刻印入りレザーサンダル（$90）。オーガニック・コットンの子ども用Tシャツは3カ月の乳児用サイズからご用意。

Original T Shirts

Wimini Hawaii
ウィミニ・ハワイ

ほっと和めるオリジナルTシャツとオーナー夫妻のセンスが光る小物

オーナーが1枚1枚、ハンドプリントで仕上げるTシャツは、太っちょサーファーや眠そうなクジラなどをモチーフに、どれも温かみのあるデザインばかり。イラストのイメージそのままの、ソフトな肌ざわりも特徴だ。

ほかにも、オーナー夫妻がセレクトしたインテリア雑貨やレザースリッパなどが並び、ほかの店では手に入らないアイテムが見つかる可能性高し。お菓子の箱のようにかわいいTシャツ用のギフトボックスが用意されているので、お土産にもおすすめ。

オーナーの奥さまのマリさんは、ハイキングガイドの経験の持ち主。おすすめのコースやカイルアのタウン情報など、尋ねると親切に教えてくれる。2軒となりにあるアンティークショップも、合わせてのぞいてみたい。

P.139／カイルア
326 Kuulei Rd., #1, Kailua
808-462-6338
10:00～16:00（日～14:00）
無休
www.wiminihawaii.com

立ち寄りスポット　Hiking & Trekking 11

その美しさに見とれ、時間を忘れてしまう。のんびりした雰囲気に反し、意外に置き引きなどの盗難事故が多いので注意して。

🌴 Beach
Lanikai Beach
ラニカイ・ビーチ

この美しさは、まさに"天国"
言葉も、時間も忘れ、過ごしたい

MAP P.139／オアフ島全図

カイヴァ・リッジ（P.062）から見下ろしたビーチがここ。全米No.1ビーチに何度も選ばれたその美しさを、上から眺めて帰るだけではもったいない。ビーチで波と戯れれば、体のなかから浄化されるような気分を味わえるはず。住宅街の小路を抜けたところにあり、トイレやシャワーの設備はないので注意して。ビーチ・アクティビティを体験するなら、お隣のカイルア・ビーチパークへ。

すべての自転車がお昼過ぎには貸し出されてしまうことがあるため、午前中早めの時間に訪れるのがおすすめ。予約不可。レンタル料は2時間$12〜、コインロッカーの使用は$2。

🏃 Activity
Kailua Bicycle
カイルア・バイシクル（カイルア案内所）

カイルア散策の足には自転車が便利。
お得情報も手に入る案内所

トレイル入り口やビーチ周辺に駐車場が少ないカイルアでは、スイスイ移動できる自転車がおすすめ。ショップ巡りなどのタウン散策にも便利だ。日本語ができるスタッフが常駐し、ていねいに対応してくれる。マップやショップの割引クーポンもあるので、利用したい。

- MAP P.139／カイルア
- 🏠 18 Kainehe St., Kailua
- 📠 808-261-1200
- 🕐 9:00〜17:00　休 無休
- 💻 kailuabicycle.com

Hiking & Trekking Tips 01
歩き始める前に知っておきたいこと

ハワイでハイキングやトレッキングは、とても手軽なアクティビティ。
とはいえ、自然のなかを歩くからには知っておきたいことも。
まずは、安全対策とマナーからご紹介。

初心者にはどんなコースがおすすめ？

　この本で紹介しているのは、一部を除き1～3時間で歩けるわかりやすいコースばかり。本格的なトレッキングの経験はなくても、歩きやすいシューズで出かければ心配はない。しかし、濡れて滑りやすくなっていたり、滑落すると大事故につながる個所もあるので、危険な個所には近寄らないこと。日本の登山道のように立ち入り禁止のロープが張られていることは少なく、あくまでも自己判断と自己責任と心得ておこう。

　初めての人におすすめなのは、ダイヤモンド・ヘッド（P.008）、マノア滝（P.042）、マカプウ岬（P.052）など。まずはツアーを利用して訪れてみるのもいいだろう。

最低限守りたいルールとは？

　トレイルの多くは、州立公園や自然保護区であり、植物や昆虫を採取したり、小石の持ち帰りも禁じられている。完熟したグアバ、リリコイなどのフルーツを少しだけ採って食べるのは問題ないけれど、枝を折る、踏みつけるなど、自然にダメージを与える行為はもってのほか。見つかれば厳重な注意を受けるばかりか、「公園法違反」で罰せられることもある。民家のすぐそばを通るときは、ルートを外れて無断で私有地に立ち入ることがないよう注意しよう。

　トレイルの途中にトイレはないところがほとんど。特に女性の場合、事前に場所を確認して済ませておくようにしたい。また、ゴミはすべて持ち帰ること。

ハワイのトレイルを紹介したガイドブック。英語のものは種類が多いが、残念ながら日本語は少ない。公園内のビジターセンターで簡単なガイドマップを用意しているところもある。

小さなころからトレッキングに親しんでいるハワイの子どもたち。

上：矢印の方向が順路。下:周回コースの場合、どちらへ進んでもいい。

『どんな装備で出かける？』P.088へつづく

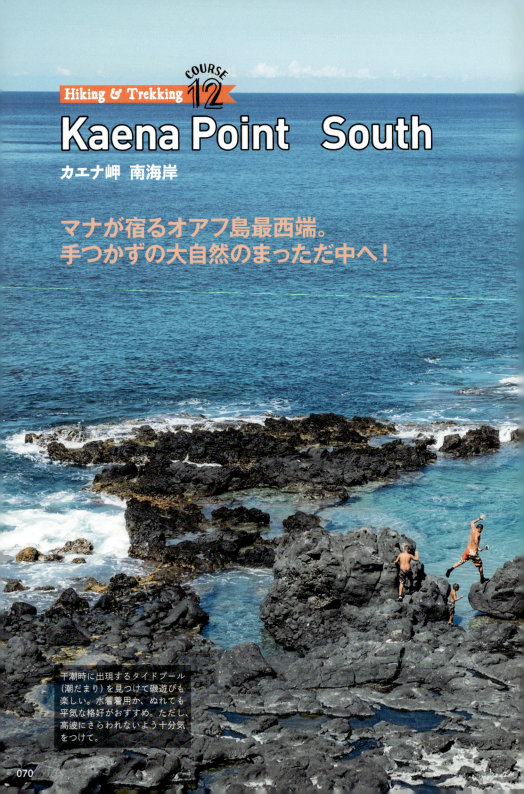

Hiking & Trekking COURSE 12

Kaena Point South
カエナ岬 南海岸

マナが宿るオアフ島最西端。
手つかずの大自然のまっただ中へ！

干潮時に出現するタイドプール（潮だまり）を見つけて磯遊びも楽しい。水着着用か、ぬれても平気な格好がおすすめ。ただし、高波にさらわれないよう十分気をつけて。

古代ハワイアンの伝説が残るスピリチュアル・スポット

オアフ島最東端のマカプウ岬(P.052)に対し、ほぼ反対側に位置するのが最西端のカエナ岬だ。カエナとはハワイ島キラウエア火山に棲む火の女神・ペレの家族のひとりで、この地へやってきて住み着いたとの言い伝えが残る。ここは古代ハワイアンからは、死にゆく人の魂が旅立つ神秘な場所と信じられ、そのため強いマナ(霊力)が宿る場所ともいわれる。

カエナ岬へは、北海岸と南海岸からアプローチするふたつのトレイルが延びている。今回、風下にあたる南海岸のコースを選び、拓さんと私、そして拓さんの息子、Reyn君の3人で、ビーチ・ハイキングに出かけることにした。

ゲートの少し先まで車を乗り入れ歩き始めると、ちょうど干潮の時間帯らしく、穏やかな海辺にはいくつものタイドプール(潮だまり)が出現。潮が引いた岩場で釣りをする人たちや、水着姿にビーサン、クーラーボックスや浮き袋を持参し、海水浴ができる場所を探しながら歩くファミリーも多い。

しかし、われわれの目的地は約4km先の岬の先端だ。さあ、歩みを進めよう!

1. 乾燥した海岸線のトレイル。波がつくりあげた自然の景観が目を楽しませてくれる。はるか前方に見える岬に標識を確認できたら、目的地までは30〜40分。
2. 出発点を振り返れば、緩やかに弧を描くヨコハマ・ベイ・ビーチが見える。

タイドプール、洞窟、潮吹き穴、海辺の散歩道には誘惑がいっぱい！

　左手に海を眺めながら、わずかにアップダウンのある乾いた灌木だけのトレイルを歩く。溶岩でできたまっ黒な海岸線と、藍色に近い海とのコントラストがどこまでも続く。引き寄せられるようにのぞき込んだ海の底は恐ろしいほど澄み渡り、こちらの目まで蒼く染まりそうだ。

　時折、潮を噴き上げるブローホール、波の浸食により海中にぽっかりと口をあけた洞窟や、恐竜の姿にも見えるアーチ岩が次々と目の前に現れて、なかなか先へ進めない。

　「Reynちゃ〜ん、帰りにゆっくり見ようね！」と促しつつ、大人の私も見とれて止まってしまう。

　歩き始めてから約50分、海に張り出す岬と、先端に立つ船舶標識の塔がかすかに見えてきた。道路が崩落した場所を避けて、右手の岩場を注意深く登る。

　突然、色彩が変わった。漆黒の海岸線、海と空の青の二色だった世界に、岬の先端を覆うわずかな緑色と砂浜の白が加わった。目的地を示す船舶標識の塔が、赤と白に塗り分けられていることもはっきり認識できる。

3. 波の浸食でできた洞窟をのぞくと、吸い込まれそう。4. 乾いたトレイルの脇に、強い日差しを避けるように咲く花はイリマ。5. 岩のアーチ。反対側からは、恐竜の首ように見えた。6. サイクリングでやってくる強者も！

1. コロニーを抜けて岬の先端を目指す。
2.3. ネコやマングースなどの天敵からコアホウドリを守るためのフェンス。自然保護区内ではロープの内側に立ち入ったり、卵やヒナにふれると厳しく罰せられる。4. 1〜5月の繁殖期には、コアホウドリたちの求愛ダンスを見ることができる。

可憐なナウパカと、コアホウドリの親子、ユーモラスなモンクシールの歓迎

　フェンスの先は自然保護区。この先にコアホウドリのコロニー（営巣地）がある。二重になったドアを開け保護区内に入ると、草むらにいくつもの穴が見える。オナガミズナギドリの巣だ。コアホウドリの繁殖期はすでに終わっていたが、精悍な顔立ちの親鳥と、黒っぽい産毛に包まれたヒナを何羽も確認できた。

　岬の先端では、ハワイアン・モンクシールが2頭、波打ち際でじゃれ合っている場面に遭遇した。ハワイアン・モンクシールとはハワイ固有のアザラシの一種。絶滅が危惧される稀少な海洋生物を、ここでは野生の姿のまま観察できるのだ。タイドプールに群れる小魚とたわむれ、ヤドカリやカニを追いかけ、小一時間ほど遊んでから、駐車場へ引き返した。

　ちなみに北海岸コースは、ノースショアのワイアルア方面からモクレイア・ビーチ・パーク経由でアプローチする。2台の車で出かけ、南と北、それぞれ別々のコースを歩いて岬で合流し、キーを交換すれば南北通して歩けそう。次回のプランはこれに決まりだ。

Hiking & Trekking 12 Kaena Point South

5

6

7

8

5. 岬の先端にある標識。途中から見えていたのはこれ。**6.7.** 砂浜に根を張るビーチ・ナウパカ。マウンテン・ナウパカに比べ葉っぱが分厚く、その葉で日差しから守られているよう。**8.** タイドプールにやってきた野生のハワイアン・モンクシール。追いかけたりふれたりするのは禁じられているので、近づきすぎないよう注意しよう。

075

1. 岬の先端では、磯遊びが楽しい。小魚、ヤドカリ、ウニも見つけた！岩の間で結晶した天然海塩を集めて、お土産に。2. タイドプールで泳ぐこともできる。岩場の外は潮の流れが速く、サメの出没する場所としても知られているので、近づかないほうがいい。3.4. 周辺には野生のハワイアン・モンクシールが何頭も棲みついているらしく、この日は3頭に遭遇。ウミガメを見かけることもある。まるで大自然のなかの水族館だ。

立ち寄りスポット　P.077

どんなコース？

【難易度】★☆☆
【距離】往復約8km
【所要時間】3〜3.5時間
【高低差】ほとんどない

トイレはヨコハマ・ベイ・ビーチの駐車場にある。日陰のない海岸線を歩くため、日焼け対策と飲料水はたっぷり持参する。

アクセス

ワイキキから車の場合、McCully St.からH-1 Westへ。道路名がFarrington Hwy.（93号線）に変わるが、そのまま海岸線を走り、マカハの先のヨコハマ・ベイ・ビーチへ。奥の駐車場に車を停める。所要約2時間。

車上荒らしが多いので車内に貴重品を残さないのは鉄則。

Hiking & Trekking 12 立ち寄りスポット

シャワー、トイレを完備し、ライフガードも常駐するビーチ。

🌴 Beach
Yokohama Bay Beach
ヨコハマ・ベイ・ビーチ

日系移民が故郷を懐かしみ名づけたビーチ

MAP P.138／オアフ島全図

ロングボードの人気ポイント、マカハ・ビーチからさらに10km北上したところにあり、カエナ岬の入り口にあたる。ハワイ名では「ケアワウラ」と呼ばれるが、周辺にサトウキビ・プランテーションがあったころ、日系移民の労働者が故郷を懐かしんでこの名をつけたといわれる。ここから先にトイレはないので、最後の休憩スポットになる。

🌴 Veiw Point
Kaneana Cave (Makua Cave)
カネアナ洞窟（マクア洞窟）

道路わきにひっそりたたずむ伝説の女神が住む洞窟

15万年ほど前、海水の浸食によってできたとされる。高さ約10m、幅6m、奥行き30mほどの洞窟は奥でふたつに分かれ、サメの化身である女神が住んでいるとの言い伝えが残る。古代ハワイアンにとっては神聖な場所。海側にサインと数台分の駐車スペースがある。

MAP P.138／オアフ島全図

入り口は、よく気をつけていないと見落としてしまいそう。洞窟の奥に住む女神の姿に魅了されると、引き込まれてしまうとか!?

🛍 Convenience Store
7-11 Makaha
セブン・イレブン　マカハ店

飲料水、食料の調達ができる最後のスポット

マカハ・ビーチの手前にあるコンビニ。ここからカエナ岬まで飲料水やスナックを調達できる店はなくなるので、必要なものは購入しておく。7-11名物スパムむすびのほか、ホットドッグ、ペストリーなどもある。

- MAP P.138／オアフ島全図
- 🏠 85-010 Farrington Hwy., Makaha
- 📞 808-696-2911
- ⏰ 24時間　休 無休

周辺に店は少ないので、見落とさないこと。

Hiking & Trekking COURSE 13

Hauula Loop Trail Tour

ハウウラ・ループ・トレイル・ツアー

ココナッツ、グアバ、リリコイ……
落ち葉の森では
木の実探しが楽しい

「ハウウラ」とはハワイ語で「赤いハイビスカス」という意味。トレイルに延びる落ち葉の森は、土地の名前のイメージとは少々異なる。

1. さっそく木の実を見つけた！ 2. コース終盤の見晴らし台。ここからの眺めが素晴らしい。3. ほとんどのトレイルを裸足で歩くというガイドのダニエルさん。しかし、真似はしないほうがよさそうだ。4. 隣のマクア・リッジ・トレイルとつなげれば難易度がアップし、約7kmのコースになる。

オアフ島の背骨北端の、お手軽ハイキングコース

　「オアフ島の背骨」のニックネームをもつコオラウ山脈。本書のコースガイドでたびたび紹介しているように、島の北東に約60kmにわたって連なるこの山には、無数のトレイルが走る。そのなかでかなり北寄りのコースが、ハウウラ・ループ・トレイルだ。この日はハイキング・ハワイのガイド、ダニエルさんと合流し、案内してもらうことになった。

　ハイウェイを山側に渡り、住宅街を抜けてトレイルの入り口を目指す。到着すると、突然シューズを脱ぎ裸足になったダニエルさん。

　「ここは落ち葉が敷きつめられてふかふかだから、このほうが気持ちいいんだ。ハワイに毒蛇はいないから、心配ないよ」。そういって脱いだシューズを木の根元に隠し、すたすたと歩き始めた。

　ノースショアの渓谷に、その名の通りループ状に整備されたこのトレイルは、初心者向きの歩きやすいコース。適度に変化があるうえ、ハワイ固有の植物やノニ、グアバ、リリコイ（パッションフルーツ）、ココナッツなどのフルーツがいたるところに実り、見つけながら歩くのが宝探しのようで楽しい。

赤い花がタコの吸盤のように見えることから名前がついたオクトパスツリー。

地上に出た根が複雑に延びるシマタコノキ。

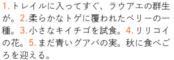

1.トレイルに入ってすぐ、ラウアエの群生が。2.柔らかなトゲに覆われたベリーの一種。3.小さなキイチゴを試食。4.リリコイの花。5.まだ青いグアバの実。秋に食べごろを迎える。

落ち葉のじゅうたんを歩き、グアバとリリコイの森へ

　歩き始めてしばらくすると、糸のように細い葉が垂れるモクマオウの森に入る。この木の下は、ふかふかのじゅうたんを歩いているよう。落ち葉が降り積もった光景が、どこか日本の秋を思わせ、確かにここなら裸足も気持ちよさそうだ。

　片側の斜面が開けた場所に、小さな実をつけたストロベリー・グアバの林が現れた。ブルーベリーにも似た木イチゴに、リリコイも。まるでフルーツの森だ。
「たくさん摘んで、ジャムにしたいな」。そんなことを考えながら小さな沢を渡り、トレイルの最高地点に到着。目の前にはコオラウ山脈の山並みが迫る。

　後半は、空を覆うように立ち並ぶクックパインの巨木が圧巻。昼間でも薄暗い森をひんやりと湿った空気が覆い、コケやキノコの姿に一瞬、ここがハワイであることを忘れてしまいそうだ。

　ダニエルさんのガイドは、仲のいい友人と楽しく森を歩くハイキングのよう。植物の名前など、たまに怪しいところもあるが、そこはご愛きょうだ。ハウウラの街からエビの養殖で有名なカフクまでは車で15分。ノースショアのドライブと組み合わせて訪れるのもいいだろう。

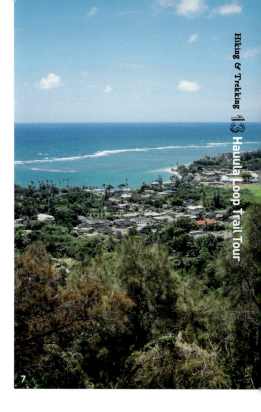

Hiking & Trekking **13** Hauula Loop Trail Tour

6.目の前に迫るコオラウ山脈。7.トレイル終盤の見どころは、ハウウラ・ビーチを一望するスポット。風と一緒に下のほうから波の音が聞こえてくる。8.ハイウェイ沿いのハウウラ・ビーチはローカルのとても静かなビーチ。

どんなコース?

| 難易度 | ★☆☆ | 所用時間 | 2時間 |
| 距離 | 約4km | 高低差 | 200m |

アクセス

ワイキキから車の場合、H-1WestからLike Like Hwy.に入り、カネオヘへの町からKahekili Hwy.(H-83)方向へ。途中から道路名がKamehameha Hwy.に変わるが、そのまま海岸沿いを北上し、Hauula Beach Parkのトイレ周辺に駐車。約1時間。道路の反対側のHauula Homestead Rd.に入り、左にカーブした先のゲートを越えると右側にトレイルの入り口あり。ザ・バスの場合、52番で約1.5時間、Hauula Beach Parkで下車。

日なたと水場があるので、日焼け対策&虫除けを。レンタカーの場合、車上荒らしに注意。車内に物は残していかないこと。

ハイウェイからの入リロ(左)。トレイルに続く住宅街の道も野性味があっておもしろい。

ツアー情報 Hiking Hawaii(ハイキング・ハワイ):ハウウラ・ループ・トレイル・ツアー($45)、トレッキング&ノースショア1日コース($175) ☎855-808-4453 www.hikinghawaii808.com ※ホテル送迎は応相談。

Hiking & Trekking COURSE 14

Jungle Hiking Tour
ジャングル・ハイキング・ツアー

ハワイ固有種の息づかいを
五感で楽しむオリジナルツアー

縦横にトレイルが走るタンタラスの丘周辺のハイライトコースを歩く。コオラウ山脈の最高地点、標高960mの山並みが目前に迫る。

自然と歴史に習熟したエコツアーガイドの案内で原生林を歩く

　自然のなかで見かけた植物や、さえずる鳥の名前がわかったらもっと楽しいのに……。そう思うことはないだろうか。専門知識を持つガイドと一緒に歩き、その場所の特性や背景を知ると、ハイキングやトレッキングの充実感が格段にアップする。新しい扉が次々と開かれるように興味がわいて、景色や自然を見る視点が変わってくるのだ。

　小野カイルさんが主宰する「アロハアイナエコツアーズ」は、ハワイの自然を日本語で紹介するエコツアーの草分け。参加者のレベルに合わせたペースで案内してくれるうえ、バックパック、トレッキングポール、雨具といった装備も用意してくれる。歩きやすいシューズさえあれば参加できるので、ハワイの自然についてもっと知りたいと思っている人にはもちろん、ハイキング・デビューにもぴったりの内容だ。

　このツアーで訪れるのは、ハワイに生息する固有種の宝庫として知られるタンタラスの丘周辺。複雑に入り組んだトレイルのいくつかを組み合わせて歩きながら、植物や鳥、小動物の紹介、島の歴史や地層と植生の成り立ちまでわかりやす

Hiking & Trekking 14 Jungle Hiking Tour

1. 倒木に寄生するバニアンのツリーの不思議な光景。2. 気分はジャングル探検！ 3.4. 豆粒ほどの大きさの、ハワイ固有のカタツムリ。教えてもらわなければ気づかないほど小さい。5. 野生化したコーヒーの木。6. ハワイの自然を知りつくした小野カイルさん。

く教えてくれる。植物にふれて匂いをかいで、ときにはかじったり、五感をフルに活用しハワイの自然を楽しむツアーだ。

　まず、コオラウ山脈を代表する自然観察ルート、カラワヒネ・トレイルから歩き始める。このあたりは標高が高いこともあり、空気は思っていたより冷たい。太陽が高くなるにつれ、森に木洩れ日が差し込むと、トレイルに美しい陰影が浮かびあがってくる。森のなかは、鳥の声がとても賑やかだ。頭上で「チッ、チチッ」と高く澄んだ声で鳴いているのは、アカハラシキチョウ。時々、メジロ、ウグイスの声も混じる。

自然がつくりあげた壮大な植物園を歩いているよう。

1. ゲートが設けられた自然保護区。2. オーハーヴァイの花。野鳥のハワイミツスイは、花のカーブに合わせてクチバシが進化した。3. ハワイ固有種のシダ、アマウの若葉は、葉先のカールが特徴。4. いくつものトレイルが複雑に延びる。

ハワイ固有種とその不思議に興味津々！

「これは野生のアボカド。ハワイには200種類のアボカドが育ち、世界一おいしいといわれています。こっちはジンジャーの仲間。ハワイの漢方薬です。ほら、匂いをかいでみて」とカイルさん。トレイルのかたわらに咲く花、頭上に実る果実、岩肌に張りついた小さな葉やコケ類に至るまで、その知識の豊富さは驚異的！ カイルさんの解説が加わると、それらがいきいきと輝きを増して見えてくるから不思議だ。

野生のコーヒーの木の林を抜け、見晴らしのいい場所で、記念撮影を兼ねて前半の休憩タイムをとったら、後半はハワイ固有種を復活させるために設けられた自然保護区内を歩く。コアの木、オアフ島のみに自生する花オーハーヴァイ、山のナウパカやオヒアレフアなど、その進化の過程も興味深い。再びゲートを抜け自然保護区内を出ると、コースの最高地点、613mの山頂に到達する。

このツアーに参加して感じたのは、太平洋に浮かぶハワイという島の環境が奇蹟のような存在であり、いかにもろくて貴重かということ。華やかなリゾートとは異なる、もうひとつのハワイの姿を知り、小さな花々、昆虫のひとつひとつまで、とてもいとおしい存在に思えてきた。

14 Jungle Hiking Tour / Hiking & Trekking

5. ダイヤモンド・ヘッドを見下ろすトレイルの最高地点、標高613mからの眺め。快晴時はマウイ島、モロカイ島まで見える。**6.** コースの終盤、プウ・オヒア・トレイルの竹林へ。**7.** タンタラス最高地点を示すプレートは、地質調査のためにおかれたもの。

どんなコース？

【難易度】 ★☆☆
【距離】 5.2km
【所要時間】約5時間（徒歩時間3時間）
【高低差】 170m

一部、ぬかるんだ場所を歩くため、滑りにくく防水性のあるシューズがおすすめ。朝は気温が下がることがあり、冬期は薄手のブレーカーがあると安心。

アクセス

ツアーはワイキキ周辺の指定ホテルへ送迎付き。

トレイルが複雑に入り組んだコースを歩けるのは、ガイドツアーならでは。

ツアー情報　Aloha Aina Eco Tours（アロハアイナエコツアーズ）：ジャングル・ハイキング・ツアー（大人$70、12歳以下$45）。ほかに、マノア滝、クリオウオウ・トレッキング、マカプウ岬、バードウォッチングツアーなども実施。☎808-595-6551　www.alohaainaecotours.com

山も海も自由自在!!
H.I.S.で楽しむ Active Hawaii

トレッキングやハイキングはもちろん、ビーチもショッピングも行きたいところめじろ押しのハワイ。その願いをぜ〜んぶかなえてくれるのが、ハワイを知り尽くした H.I.S.。旅のプランニングからオプショナルツアーまで、ハワイの旅は H.I.S. におまかせ!

Point 1 ガイドツアーから往復送迎まで オプショナルツアーが充実

海も、山も、歩いて楽しいハワイ。とはいえ、車がなければ少々行きづらいコースがあるのも事実だ。そんなときに頼りになるのが H.I.S.。初心者におすすめのダイヤモンド・ヘッドやマノア滝、オアフ島東部のマカプウ岬、ラニカイ・ビーチを見下ろすカイヴァ・リッジ（ピルボックス）などへのオプショナルツアーは、親切なガイド付きツアーと、往復送迎だけのシンプルなツアーが用意されている。一度は歩いてみたかったあのコースにチャレンジするには、もってこい。
（URL: www.lealeaweb.com から検索）

レンタカーがなくても問題なし。オプショナルツアーを利用すれば、地元の人に人気のトレッキング・コースにも気軽に足を延ばせる。

Point 2 滞在中のサポートも万全の LeaLea ラウンジ

街歩きやショッピングの合間の休憩にも利用できるのが、LeaLeaラウンジ。ワイキキの中心、ロイヤル・ハワイアン・センター内にあり、オプショナルツアーの申し込みのほか、レストランやスパの予約、観光スポットへのアクセス方法の相談もOK。ラウンジ内にはゆったりとしたソファが用意され、日本の新聞やガイドブック、無料ドリンクコーナーも。いたれりつくせりとはまさにこのこと。また、ヒルトン・ハワイアン・ビレッジ、ワイキキ・ビーチ・マリオットに無料ラウンジを、ホノルル国際空港の出国ターミナルには有料のLeaLeaエアポートラウンジを開設している。

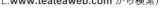

ロイヤル・ハワイアン・センター内のLeaLeaラウンジは、8:00から21:00まで年中無休でオープン。1.ツアー申し込みや、滞在中のさまざまな相談に日本語で対応してくれるツアーデスク。2.ワイキキのどまん中だから、気軽に立ち寄れる。3.ゆったりとしたラウンジは、街歩きに疲れたときの休憩スポットに。

 Point 3
7つのルートが乗り放題！フットワーク抜群のLeaLeaトロリー

LeaLeaトロリーは、H.I.S.のお客様専用のトロリーバス。滞在中は観光やショッピングを満喫できる7つのルートに乗り放題といううれしさだ。ロイヤル・ハワイアン・センター発、アラモアナ・センター行きの直行便があるのはH.I.S.だけ。さらに、ダイヤモンド・ヘッド、カハラ、カイムキを巡回するコースと、ダウンタウン・コースの2ルートは日本語観光ガイド付き。観光にも、ショッピングやレストラン巡りにも利用でき、滞在中のフットワークがぐんと軽くなる。

運行エリアと停留所数No.1を誇るLeaLeaトロリー。$55で販売する1週間券を使えば、レンタカーやタクシーいらずで旅の楽しみが広がる。

Point 4
日本に3つの「ハワイ支店」。ハワイ通のスタッフがプランニングをアドバイス

ハワイを知り尽くしたH.I.S.。なんと日本国内にハワイ支店を作ってしまったのだ。旅のプランニングのアドバイスをしてくれるのは、ハワイ州観光局アロハプログラム上級スペシャリストの資格を持つスタッフ。現地の情報に精通し、ハワイをこよなく愛するスタッフばかりだから、まるで自分の旅をプランニングするように親身になって相談に乗ってくれる。ここへ来れば日本にいながらにしてハワイ気分を味わえる。

[お問い合わせ お申し込み] **H.I.S. ハワイ専門店**

● **H.I.S. Hawaii 新宿三丁目店**
東京都新宿区新宿 3-17-2 ヒューリック新宿三丁目ビル 1・2F
TEL 0570-08-1173　営業時間 11:00～21:00（土・日・祝日は～20:00）

● **H.I.S. 大阪駅前ハワイ支店**
大阪市北区梅田 1-8-17 大阪第一生命ビル 1F
TEL 06-6347-4502　営業時間 11:00～19:00・年中無休

● **熊本ハワイ・ビーチ営業所**
熊本市中央区城東町 2-20 明治安田生命熊本ビル 1F
TEL 096-312-0201　営業時間 11:00～13:00、14:00～19:30
（日・祝日は 11:00～13:00、14:00～18:30）・水曜定休

もっと詳しい情報はこちらから　http://www.his-j.com

Hiking & Trekking
Tips 02 どんな装備で出かける？

常夏の島ハワイでは、装備も夏仕様。暑さ対策が最大のポイントになる。
天候の変化にも十分注意して、無理は禁物！

まずは足もとから。古いシューズにご注意を

　シューズだけは用途に適した歩きやすいものを選ぶこと。平坦なコースなら、スニーカーやランニングシューズでも対応できるが、上り下りや岩場が多いコースでは、靴裏にグリップ力があり滑りにくいトレッキング専用シューズを。水場が多いところでは、防水性の高いもの、反対に濡れても乾きやすいサンダルタイプもおすすめだ。

　注意したいのは、購入から5年以上を過ぎた古いシューズ。使用頻度が少なく、見た目はきれいでも、経年劣化によりソールがはがれてくることがある。トレイルの途中で靴が壊れてしまったら、泣くに泣けない。

飲料水と日焼け止めは必携！

　ハワイのトレイルを歩いていると、あまりにも軽装のロコが多いことに驚かされる。男性の場合ランニング（ハダカのことも！）にハーフパンツ、女性はビキニのトップスにショーツ姿の女性も。でもこれは、小さなころからハイキングやトレッキングに親しんできた人たちだからこそできること。うっかり真似をすると、日焼けや擦り傷、切り傷で痛い思いをすることに。冬期は気温が下がることがあるので、長袖パーカーも持参したい。

　森のなかを歩く場合、長袖、ロングパンツが安心。開けたコースなら、日焼け止めをしっかり塗って日焼け対策を万全に。水は重くても、多めに用意したい。所要2時間のトレイルで1リットル、炎天下を歩く場合、最低1.5リットルが目安。トレイルミックスなどのスナック類もあると安心。

1. 現地ではSPF値が高い日焼け止めが手に入る。2. 森のなかや水場には蚊が多く、虫よけが必要。3.4.5. 水は多めに。2時間以上のコースには行動食を。6.7. 帽子、暑さ対策もお忘れなく。

シューズが快適なら、楽しさ倍増！ コースと用途に合ったものを選びたい。

『ビーチ散歩から始めてみよう！』P.122へつづく

PART
2

お散歩、爽快ランで
ハワイを再発見

ウォーキング & ランニング

ハワイ滞在中、誰もが気軽に楽しむビーチ散歩。
少し早起きをして足を延ばすだけで、それまで気づかなかった
もうひとつのハワイが見えてくる。気持ちよさそうに走る
ランナーたちに刺激され、いつの間にか走り出しているかも？

Waikiki Beach East
Walking & Running COURSE 15
ワイキキ・ビーチ散歩 東コース

**ひんやりした空気が気もちいい
早朝のお散歩コース**

カピオラニ公園の海沿いを歩く遊歩道からワイキキのホテル群を望む。海に延びる突堤の先端まで行くと、海中にハワイの州魚、フムフムヌクヌクアプアアが群れているのが見える。

ハワイの"朝活"を体験すると、やみつきになる！

　世界中から訪れるツーリストが集まるワイキキ・ビーチ。いつも混雑しているイメージがあるけれど、早朝はとても静か。ひんやりした空気が気持ちよく、ぶらぶらと散歩を楽しんだり、軽いランニングにはもってこいだ。

　ワイキキのメインストリート、カラカウア通りの海側に林立するビルが途切れるのはデューク・カハナモク像から東側。ここからカピオラニ公園まで、海沿いに遊歩道が続いている。公園の少し手前、先端にちょこんと三角屋根がのった桟橋がカパフル突堤。サンセットタイムには鈴なりの人だかりだが、朝のうちは人影もぽつりぽつり。シャワーのような雨が上がった後、海に架かる虹を見ることもできるスポットだ。

　ここから先は、カラカウア通りから右へ分岐する海側の遊歩道を歩く。ビーチヨガのグループや、ベンチでのんびり海を眺める人、すれ違うランナー。それぞれにワイキキの朝時間を楽しんでいるよう。早朝のビーチに、野生のハワイアン・モンクシールやウミガメがひょっこりやってきてくることがあり、そんな幸運な光景に出合えたら、1日中ハッピーな気

Walking & Running 15 Waikiki Beach East

1. カパフル突堤。ここから眺めるサンセットも美しい。2. 早朝のビーチはこんなに静か。ハワイアン・モンクシールやウミガメがやってくることも。3. カピオラニ公園の海側に続く遊歩道。4. ワイキキ水族館を裏側からちょっとのぞき見。

持ちで過ごせる。

　東に向かうにつれ砂浜は狭まり、満潮時には歩道近くまで波が迫る。ワイキキ水族館を裏側からフェンス越しにのぞけるのもこのあたり。その先に海を背に立つヨーロッパ風の建物が「The War Memorial」だ。デューク像前からここまで、のんびり歩いても30分くらい。途中で砂浜に下り、冷たさが残る波打ち際に足を浸してみるのもいい。この気持ちよさを一度体験すると、ハワイでの早起きが楽しみになってくるのだ。

どんなコース？

【距　離】約1.5km
【所要時間】30〜40分（ウォーキング）

歩き方

Kalakaua Ave.のデューク・カハナモク像前から、海を右手に見ながらスタート。カパフル突堤を過ぎたらKalakaua Ave.から分岐する海沿いの遊歩道へ。ワイキキ水族館の先にある「The War Memorial」がゴール。

ハワイの英雄、デューク像前からスタートする。

立ち寄りスポット　P.092

立ち寄りスポット 15

Walking & Running

🍴 Gourmet
Hau Tree Lanai
ハウツリーラナイ

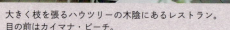

大きく枝を張るハウツリーの木陰にあるレストラン。目の前はカイマナ・ビーチ。

「幸せを運ぶ木」の下で食べるエッグベネディクト

「ワイキキの朝ごはんBEST 5」をあげるなら、間違いなくランクインするのがこのエッグベネディクト。味の決め手となるオーランデーズ・ソースは、このメニューが初めて登場した30年以上前から変わらぬレシピで手作り。カリカリに焼いたマフィンと肉厚のカナディアン・ベーコン、ポーチ・ド・エッグからこぼれ出る黄身とソースとのハーモニーを一度味わったら、忘れられなくなる。

レストランがあるのは、作家マーク・トゥエインが小説の構想を練ったといわれるハウツリーの下。葉っぱがハート型をしたこの木には、「幸せを運んでくる」という言い伝えがあるという。

人気店だけに午前中の混雑は必至。電話かネットで予約を入れてから訪れるのが確実。

ハワイに来たら一度は味わってみたい「クラシック・エッグベネディクト」($17)。

- 🗺 P.141／ホノルル
- 🏠 2863 Kalakaua Ave., Honolulu
  （ニューオータニ・カイマナ・ビーチ・ホテル1F）
- 📞 808-921-7066
- 🕐 7:00～10:45、
  11:45～14:00（日・祝12:00～）、
  17:30～21:00
- 休 無休
- 💻 www.kaimana.com/hautreelanai_jp.htm

ホテルのロビーの奥に、レストランに下りる階段がある。

🍴 Gourmet

Barefoot Beach Cafe
ベアフット・ビーチ・カフェ

**水着のままビーチから直行できる
サーファー御用達レストラン**

オムレツは具をチョイスでき$8〜10。

　カピオラニ公園の海沿いの遊歩道にあり、散歩やランニングの途中で立ち寄るのに便利なロケーション。目の前のビーチを眺めながら、プレートランチ風のメニューを楽しめる。濡れた水着や裸足のままビーチからやってくるローカル・サーファーも多く、彼らの胃袋に合わせ料理はどれもボリュームたっぷり。おなかをうんと空かせて訪れたい店だ。

　夜の雰囲気もなかなかのもの。金・土曜限定でビーチ・バーベキュー・メニューが登場し、金曜の夜に「ヒルトン・ハワイアン・ビレッジ」から打ち上げられる、花火を鑑賞できる穴場スポットでもある。

1. 赤いパラソルが目印。2.「ロイヤル・ロコモコ」($14)のボリュームにびっくり！

- MAP P.141／ホノルル
- 2699 Kalakaua Ave., Honolulu
- 808-924-2233
- 7:00〜21:00　休 無休
- barefootbeachcafe.com

🎵 Event

Kuhio Beach Hula Show
クヒオ・ビーチ・フラショー

**サンセットとともに楽しめる
無料のフラショー**

　週4回、ワイキキ・ビーチで催される無料のフラショー。サンセットの少し前から始まり、周りが少しずつ暗くなるなか、ステージで繰り広げられるフラは迫力があり、時に幻想的。開始30分くらい前から人が集まり始めるので、場所はすぐわかる。

ホノルルのハラウ（フラ教室）が日替わりで出演するため、現代フラ、古典フラなど異なる内容を楽しめる。

- MAP P.140／ワイキキ
- デューク・カハナモク像横の芝生ステージ
- 火・木・土・日18:30〜19:30（11〜1月18:00〜19:00）　※荒天時は中止の場合あり

Walking & Running

Waikiki Beach West
ワイキキ・ビーチ散歩 西コース

ワイキキの意外な穴場ビーチでリゾート気分を満喫する

サンポのあとのお楽しみは、冷たいビールとサンセット

米軍施設の「フォート・デラッシー」前から「ヒルトン・ハワイアン・ビレッジ」まで続くワイキキ西側のビーチは、中心部に比べホテルの数が圧倒的に少ないから人口密度も低い。つまり、穴場ビーチというわけ。背後には木陰のある芝生の公園が広がっているし、海側は整備された遊歩道。ここなら、散歩もランニングも気持ちよく楽しめる。コミコミ状態のワイキキ・ビーチはすぐお隣りなのに、まるでプライベート・ビーチのような気分を味わえるのだ。

ビーチへは、「ワイキキ・ショア」というこぢんまりしたホテルの脇から海側へ延びる細い通路を使うのが近道。砂浜に出ると目の前に小さな桟橋があり、ここから東側にダイヤモンド・ヘッドがよく見える。そのダイヤモンド・ヘッドを背に、アラモアナ方面へ歩く。途中にビーチバーがあるから、喉が渇いたら寄り道もOKだ。

ヒルトン・ハワイアン・ビレッジのラグーン周辺は、同じワイキキとは思えないほどのんびりした雰囲気だ。

16 Waikiki Beach West

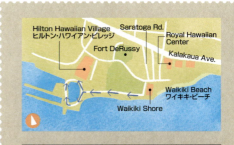

1. ラグーンの周囲をぐるっと巡る遊歩道は、子ども連れやお年寄りにも優しいお散歩コース。2. ワイキキ・ショア前の桟橋。先端に立つと、東側にダイヤモンド・ヘッドが、西側はアラモアナ・ビーチまで見渡せる。3. ここからヒルトンまで、まっすぐに遊歩道が延びる。4. 途中にあるビーチバー。

　右側の公園が途切れたところから、ヒルトンの敷地内に入る。ここは敷地全体がひとつのリゾート。宿泊していなくてもレストランやバー、ショップの利用は自由。時間があれば、ホテル内の探検を楽しんでみてはどうだろう。

　砂浜には人工のラグーンが広がっていて、一周できる遊歩道がある。段差がなく歩きやすいので、子どもをのせたバギーを押したり、車いすで散歩を楽しむ人の姿も。遊歩道は隣りの駐車場まで続き、目の前がアラワイ・ヨットハーバーだ。

　ここは、サンセットのベストスポットとして人気の場所。ビーチ散歩のあと、ヨットハーバーを一望できるバーやレストランで、夕日を眺めながらビールやカクテルでのどを潤すと最高の気分だ。

どんなコース？

【距離】約2km

【所要時間】約30分（ウォーキング）

歩き方

Waikiki Shore by Outriggerの脇道、またはU.S. Army Museumがある公園からビーチへ。海沿いの遊歩道を歩き、ヒルトンの敷地内に入ったらラグーンを一周しヨットハーバーへ。帰りはAla Moana Blvd.へ出てザ・バスに乗れば、ワイキキ、アラモアナどちらへも行ける。ゴール地点からアラモアナ・センターまでは徒歩で約10分。

Start

Goal

ビーチへはホテル脇の通路、または公園内の遊歩道からもアクセスできる。

立ち寄りスポット　P.096

Walking & Running 16
立ち寄りスポット

🍴 **Gourmet**

Goofy Cafe & Dine
グーフィー・カフェ＆ダイン

**ボリュームがあるのにヘルシー。
地元ハワイの食材を美味しく、楽しく！**

　地産池消にこだわるレストラン。シェフ自ら毎朝、ファーマーズマーケットや市場へ出かけ、地元ハワイで採れた野菜や果物を集めてくる。メニューに並ぶカフク・シュリンプ、シンサト・ポークなどの魚介や肉も、ハワイ産の食材だ。さらに、ソースやシロップはすべて手作り。ホイップクリームの香りづけにも人工のエッセンスは使わず、バニラビーンズから抽出するほどのこだわりよう。そのため料理から手づくりの温かみが伝わってきて、安心して食べられるのもうれしい。

　パンケーキ、エッグベネディクトなどのブレックファスト・メニューは一日中注文OK。朝の散歩のあと、遅めのブランチに利用できて便利だ。大きな窓から風が入る開放的な店内も心地よく、つい長居をしてしまいそう。

MAP P.140／ワイキキ
🏠 1831 Ala Moana Blvd., #201, Honolulu
📞 808-943-0077
🕐 7:00〜23:00（LO22:45）　休 無休
💻 www.goofy-honolulu.com

1. たっぷりのフルーツにハワイ島産のはちみつをかけた「ビッグ・アイランド・ハニー・フレンチトースト」（手前：$13.50）、「グーフィーズ・エッグベネディクト」はタロイモのマフィンをチョイス（$14）。卵ももちろん、ローカルのもの。「本日のグリーン・ベジジュース」（$6）。2.3.4. 西海岸のビーチハウスをイメージしたインテリア。

🍴 **Gourmet**

The Chart House Waikiki
ザ・チャート・ハウス　ワイキキ

40年以上、愛され続ける
ハーバーフロントの老舗レストラン

　目の前がサンセットのベストポイント、アラワイ・ヨットハーバー。1968年のオープン以来、ローカルはもちろん世界中のツーリストに人気のレストラン。その理由は、ロケーションの良さもさることながら、気取らない雰囲気とメニューの豊富さ、さらにカップルで過ごすもよし、大勢でワイワイやるのもよし、ファミリーだってウェルカムという懐の深さにある。

　おすすめは、オープンから19時までのハッピーアワー。ビールが$4.50、ハウスワインが$4.75、ププ（前菜）が$6.50からとリーズナブル。つまり、ビーチ散歩のあと、1杯飲みながらサンセットを楽しむにはぴったりなのだ。この店には私が初めてハワイを訪れた20年近く前から、ずっと同じ女性スタッフがいる。それはきっと、彼女にとっても心地いい店だからなのだろう。

1. 開け放たれた窓の向こうがヨットハーバー。
2. 「ガーリック・チキン」（$8.75）はビールと相性抜群！　3. チャート・ハウス風ポケ丼「ファイヤー・クラッカー・アンロール」（$12）、生ビールと、マイタイをハワイ風にアレンジしたカクテル「ガイタイ」（各$7）。4. ステーキ＆シーフードの店としても知られている。

MAP	P.140／ワイキキ
🏠	1765 Ala Moana Blvd., Honolulu
📞	808-941-6660
🕐	17:45 ～ 20:30（金～日17:30 ～ 21:30）、ラウンジは16:30 ～ 24:30（金16:30 ～翌2:00、土17:00 ～翌2:00、日17:00 ～ 24:30）
休	無休
💻	charthousehonoluluhawaii.com

Walking & Running COURSE 17

Ala Wai Canal
アラワイ運河

ちょっとディープな散歩道で
知らなかったワイキキ新発見！

カヌーに興じるローカルの人たち。とても気持ちよさそうで、仲間に加わって一緒にこぎたくなってくる。

ワイキキの原点ともいえる水辺のリラクゼーション・コース

　ワイキキはかつて湿地帯だった。「ワイキキ」とは、ハワイ語で「水が湧き出る」という意味。その名のとおり、清冽な水が湧き出る場所に、日本の水田にも似たタロイモ畑や、養魚池が広がっていたという。わずか200年前のことである。その湿地帯を埋め立てた造成地が、ゾートホテルやショッピングセンターが立ち並ぶ現在のワイキキであり、同時に建設されたのがビーチの反対の山側を囲むアラワイ運河だ。運河沿いの歩道は、散歩やランニングを楽しむ人、ワンコ連れの人も多く訪れ、地元の人の憩いの場にな

っている。実際に歩いてみると、同じ水辺でもビーチとは水の匂い、空気の湿度が明らかに異なる。こちらのほうがしっとりしていて、落ち着ける感じがする。
　カパフル通りの交差点から始まるアラワイ通りを少し入ったあたりが、運河の起点。わずかに湿地帯の面影が残り、一角にカパフル図書館がある。エアコンが効いていて日本の小説も置いてあるので、トイレ休憩をかねて立ち寄ってみるといい。プルメリアが涼しい木陰を作る歩道から通りの反対側に並ぶ建物を眺めてみると、ホテルよりもコンドミニアムが多

17 Ala Wai Canal

1. 東側の眺め。平らに見えるのは、ダイヤモンド・ヘッドの背中からお尻のあたり。2. カラカウア通りの橋から西側を望む。ここから先は木陰が多いアラモアナ側の遊歩道（右側）を歩くのがいい。前方の白い橋がゴール。

3. プルメリアが涼しい木陰と甘い香りで和ませてくれる。4. アラワイ運河の起点。湿地帯だったころの面影がわずかに残る。

いことに気づく。ラナイにサーフボードや自転車が置かれ、どことなく生活感が漂ってくるのが興味深い。対岸のグリーンが、「世界一、混雑するゴルフ場」としてギネスブックにも登録されているアラワイ・ゴルフコースだ。

マッカリー通りと交差するあたりから運河は左にカーブし、アラワイ・ヨットハーバーが見えてくる。さらに先のカラカウア通りからは対岸の遊歩道へ下りることができる。コンベンション・センターの階段から先も木陰が多く、のんびりくつろぐ人の姿が見られる。ここからアラモアナ・パークはすぐそこだ。

1. 対岸のカヌークラブ。スポーツ好きのローカルの日常が見える。2.3. アラワイ運河がヨットハーバーに注ぐ河口近く。ワイキキ側とアラモアナ側で景色が異なるのがおもしろい。

4. アラワイ名物？クジラのペイントのホテル。5.6. 歩道沿いにはベンチと水飲み場も。7. ワイキキで最も山側の通り。

意外に知らなかった ワイキキを発見する

　アラワイ運河沿いの散歩道には、ワイキキのどのホテルからも、ビーチと反対側へ1〜3ブロックほど。スタート場所も距離も選ばない。そんなお気軽コースなのに、西と東、進む方角により見えてくる景色が異なり、朝と夕方でもまるで違う空気を感じられる。

　なかでも夕方から宵の時間、山側のマノア方面に虹が見えたり、満月の夜にダイヤモンド・ヘッドの背中の上に輝く月を眺めていると、ずっと歩き続けていたくなる。そんな景色を探し、一度は端から端まで通して歩いてみてはどうだろう。ただし、人通りが少なくなる深夜のひとり歩きは、あまりおすすめできない。

どんなコース？

【距離】約3km
【所要時間】40〜50分（ウォーキング）

歩き方

Ala Wai Blvd.がKapahulu Ave.と交わるあたりからスタートし、運河を右に見ながらアラモアナ方面へ。左にカーブしてヨットハーバーが見えてきたらKalakaua Ave.の橋をコンベンション・センター側に渡り、対岸の遊歩道へ。Ala Moana Blvd.へ上る階段がゴール。

ゴールのアラモアナ通りは、階段の上。

立ち寄りスポット P.101

Walking & Running 17
立ち寄りスポット

1. 左から、「ラムチョップ・ロリポップ」($9)、「タパス・ガーリック・カフクシュリンプ」($7)、「タパス・リリコイリブ」($7)。
2. ホテルのロビー階にあり、宿泊ゲストでなくても入りやすい雰囲気。
3. 常連とおぼしきオジサマたち。

Ashiyu 足湯

歩き疲れたら、足湯でほっ!

バーの飲み物は持ち込みOK。タオル付き。

レストランの奥にあるのが、なんと足湯。ソーラーパネルで温めたお湯は、ちょっと熱め。疲れた足をじんわりほぐしてくれる。レストラン利用者や、バーでドリンクを注文すれば無料で利用できる。

🕗 8:00〜24:00

🍴 **Gourmet**

Wood & Bucket
ウッド&バケット

いつでも立ち寄れるオールデイ・ダイニングは、ハッピーアワーがお得!

　アラワイ運河に面して立つホテル「ワイキキ・サンド・ヴィラ」内のレストランは、早朝から深夜まで営業。散歩の途中に立ち寄るのはもちろん、ショッピングに夢中になって夕食を食べそびれたときにも便利だ。

　16時〜19時、23時〜1時まで、1日2回のハッピーアワーは、ビールが$3.50、グラスのハウスワインは$4で楽しめる。小皿のフードメニューも、ププ(前菜)が$5〜13とリーズナブルだから、ちょっと小腹を満たしたいときにちょうどいい。

　そんなお手軽さもあってか、奥のバーコーナーでは、夕方になると常連さんらしき人たちがドリンク片手に談笑中。仕事帰りにしても、散歩の途中にしても、こんな店があったら、毎日立ち寄りたくなって当然?

- 🗺 P.140 ／ワイキキ
- 🏠 2375 Ala Wai Blvd., Honolulu（ワイキキ・サンド・ヴィラ1F）
- 📞 808-924-4744
- 🕗 6:30〜翌4:00（LOフード翌3:00、ドリンク翌3:30）
- 休 無休
- 💻 sandvillajapan.com/restaurants

Walking & Running COURSE 18

Ala Moana Park
アラモアナ・パーク

ローカルの
行きつけビーチで
のんびりと

ラグーンの向こうがアラモアナ・ビーチ。週末や祝日はローカルの人たちで混雑するが、平日はとても静か。

ショッピングだけじゃない、アラモアナのもうひとつの魅力

「アラモアナといえば、お買いものでしょ！」。そんなイメージがあるけれど、アラモアナ通りを挟み目の前に広がるアラモアナ・パークは、もうひとつの人気スポット。ツーリストが中心のワイキキ・ビーチに対し、この公園のビーチはローカルの行きつけといったところ。芝生ではバーベキューやデイキャンプができるし、パーキングは無料。地元の人にとって格好の遊び場なのだ。

散歩コースのスタートは、アラモアナ通りからゲートを入ったところにあるラグーンのほとり。アラモアナ・センターを右手に、ワード方面に向かって延びる遊歩道には、ところどころに大樹が木陰を作る。散歩、ランニング、スケートボードに自転車、思い思いに楽しむ人たちのかたわらで、芝生の広場では寝っ転がって日光浴や読書をする人の姿も。

遊歩道に沿って続く水路には何カ所か橋がかかり、アラモアナ通りへ渡れるようになっている。適当なところで散歩を切り上げて、お買いものに繰り出せるというわけ。でもせっかくなら、この先がどうなっているのかも見てみたい。

ワード・センターを過ぎるとテニスコ

Walking & Running 18 Ala Moana Park

1. 芝生の上は、貸し切り状態！ 正面がリニューアル工事中のアラモアナ・センター。 2. 遠浅で波が穏やかなアラモアナ・ビーチ。 3. アラモアナ通りと平行する木陰の遊歩道。 4. ビーチの隣がマジック・アイランド。 5. ビーチ沿いの遊歩道で、井戸端会議ならぬビーチ端会議中。

ートと、ローン・ボウリングを楽しむお年寄りの姿が見える。ちなみにテニスコートは無料で、誰でも利用できる。その先の小さなラグーンが、折り返し地点。帰りはビーチ沿いの遊歩道を歩く。

　1km以上にわたって白砂の海岸線が続くアラモアナ・ビーチは、遠浅で砂浜がとても広い。遊歩道にはベンチがいくつもあり、暑くなってきたら涼しい芝生のほうへ移動できるのもいい。そのまままっすぐ歩くと、スタート地点のラグーンの手前から、マジック・アイランド（P.104）への遊歩道が延びている。

どんなコース？

【距　離】約3.5km
【所要時間】1時間（ウォーキング）

歩き方

公園内のラグーン前からスタート。アラモアナ・センター、ワード・センターを右手に見ながら歩き、左手の小さなラグーンの中ほどに架かる橋を渡ってビーチ側へ。ビーチ沿いの遊歩道に沿って進めば、元の場所に戻る。隣のマジック・アイランドとつなげて歩けば約5kmの距離に。

ラグーンのほとりに、公園内の案内マップがある。

立ち寄りスポット　P.106

Walking & Running COURSE 19

Magic Island
マジック・アイランド

ピクニック気分で
出かけたい人工岬

先端には人工のビーチが広がり、敷地内にシャワー、トイレの設備もある。

小さな岬に歩く、走る、くつろぐのお楽しみがぎっしり！

　アラモアナ・パークとアラワイ・ヨットハーバーの間につき出した岬がマジック・アイランド。東側にはダイヤモンド・ヘッドのほぼ全景を、西側にはアラモアナ・ビーチを見渡せる。

　1周約1kmのコンパクトな敷地内には、外周をぐるっと巡る遊歩道とともに、東西南北にも舗装路がめぐらされ、コース取り次第でビーチコースも、木陰が多い涼しいコースもお好み次第。先端にある人工のビーチは防波堤に囲まれているため波がほとんどなく、散歩やランニングのあと、シューズを脱いで足を浸すと気持ちいい。

　ほどよく木陰があり、ピクニック・テーブルが設置されているため、休日になるとローカルの人たちがバーベキューを楽しむ姿が増える。彼らをまねて、途中のコンビニやアラモアナ・センターで飲み物やスナックを購入し、ピクニック気分で訪れても楽しい。

　ここは、ウエディングのカップルの写真撮影にも人気のスポット。岬の先端から眺めるサンセットが素晴らしく、さらに金曜の夜はヒルトン・ハワイアン・ビレッジから打ち上げられる花火の鑑賞ポイントでもある。じつにさまざまな楽しみ方ができる場所なのだ。

Walking & Running 19 Magic Island

1. 東側はヨットハーバーとダイヤモンド・ヘッド。 2. 平日は静かだけれど、週末になるとBBQパーティーで賑やかに。 3. ローカルに人気のランニング・コース。 4. アラモアナからカカアコ方向の眺め。

ところどころにベンチが置かれ、ここから海を見ながらのんびり過ごす人も多い。

どんなコース？

【距　離】約1.5km
【所要時間】20〜30分（ウォーキング）

歩き方

アラモアナ・パークのゲートから入り、ラグーンをビーチ側の遊歩道で半周したら、砂浜の手前からマジック・アイランドへ。岬を一周する遊歩道を時計周りと反対に回ってパーク入り口まで戻る。敷地内にはほかにも何本かの遊歩道が巡らされている。

順路に決まりはないので自由に散策を。

立ち寄りスポット　P.106

18/19 立ち寄りスポット

🍴 Gourmet

Bread + Butter
ブレッド + バター

**シンプルだけどおいしい
ヘルシー志向のローカルに人気のカフェ**

　ハワイ産の野菜や肉、魚を使い、素材の持ち味を生かした料理が人気。サンドウィッチ、パスタ、ピッツァ、サラダなどのメニューが中心で、ソースやドレッシングはすべて自家製。なかでもシェフのご自慢は、スモーク・アヒのサンドウィッチ。アヒとは「マグロ」のことで、スモークももちろん自家製だ。

　朝食、ランチ、ディナーと1日3回メニューが変わり、時間を選ばず利用できる。15時から登場するタパスメニューを、豊富なワインとともに楽しむのもおすすめだ。

　カウンターで注文して先に会計を済ませ、料理を待つスタイル。デリコーナーのサラダや生ハム、チーズを購入し持ち帰ることもできる。今、ハワイで話題のヘルシードリンクもいろいろそろっているので要チェック！

📍 P.140 ／ホノルル
🏠 1585 Kapiolani Blvd., Honolulu
　（アラモアナ・パシフィック・センター 1F）
📞 808-949-3430
🕐 7:00〜21:00（金〜23:00、土9:00〜23:00、日9:00〜21:00）
🚫 無休

1.「スモーク・アヒ・サンドウィッチ」($13)。12時間かけて抽出した「コールドプレス・アイスコーヒー」($4)。2. 清潔感あふれるインテリア。3.「ビーツ＋ピーチ・サラダ」($12)。フォカッチャも自家製。

場所はアラモアナ・センターのすぐ山側。

🛍 Shopping
Ala Moana Center
アラモアナ・センター

**ショッピングもグルメもおまかせ！
ハワイ最大のショッピングセンター**

　300軒以上のショップやレストランが集まる、いわずと知れたハワイ最大のショッピングセンター。吹き抜けになった4階建ての建物はとにかく広く、センター内を歩き回るだけでアラモアナ・パーク1周分以上の距離になるかも？　ハンバーガーから和食、エスニックまで30店以上が並ぶ1階海側のフードコート「マカイ・マーケット」は、ランニングウエア姿でも気軽に立ち寄れる。

高級ブランドからカジュアル、コスメ、スポーツ用品までありとあらゆる店が集まるショッピングセンター。フードコートとコンビニは1階にある。

- MAP P.140／ホノルル
- 🏠 1450 Ala Moana Blvd., Honolulu
- ☎ 808-955-9517
- 🕐 9:30〜21:00（日10:00〜19:00）
  ※店舗により異なる。 休 無休
- 💻 www.alamoanacenter.jp

🍴 Gourmet
Kakaako Kitchen
カカアコ・キッチン

**フレンチベースの本格料理を
手軽なプレートランチで**

　フレンチ・レストランのシェフがプロデュースするプレートランチ専門店。日本風にいえばお持ち帰り弁当なのだけれど、料理の完成度はちょっとしたレストランにもひけを取らない。そのため、近所のオフィスで働くビジネスマンやツーリストにも大人気。いつも混雑しているが、待ってでも食べてみる価値はある。定番のガーリック・チキン、ロコモコ、ビーフシチューのほか、日替わりメニューが登場。イートイン・スペースはあるが、アラモアナ・パークまで足を延ばし、ピクニック気分で食べるのもいい。

ちょっと濃いめの味付けにご飯が進む「ガーリック・チキン」($10.95)。

「フレッシュ・キャッチ・オブ・ザ・ディ」($13〜15)。ハワイ近海で捕れた魚を、その素材にいちばん合った調理法で提供。

- MAP P.140／ホノルル
- 🏠 1200 Ala Moana Blvd., Honolulu（ワード・センター 1F）
- ☎ 808-596-7488
- 🕐 10:00〜21:00（日〜17:00）
- 休 無休
- 💻 kakaakokitchen.com/index.html

ワード・センターの最もダウンタウン寄りにある。

Waikiki Historic Tour
Walking & Running COURSE 20
ワイキキ歴史街道ツアー

ちょっとワイキキ通になれる
ウォーキング・ツアー

1. ワイキキを代表するショッピング・スポット、ロイヤル・ハワイアン・センター。かつては1万本以上のヤシの木が茂り、王族たちの別荘があった場所。2. 1900年代初め、このカラカウア通りには路面電車が走っていたという。3. 古いワイキキの写真を見せながら、案内してくれる、さゆりさん。

1000年の歴史をさかのぼる壮大なタイムトリップへ

「そもそも、ハワイアンはどこからやってきたのだろう」「ハワイ王朝時代のワイキキは、どんなところだったのかしら？」。なんて想像してみたことはないだろうか。そんなハワイの歴史をひもときながら、お散歩気分のツアーで案内してくれるのが、さゆり・ロバーツさんだ。彼女の口から語られるのは、1000年近くも昔、4000km離れたタヒチから小さなカヌーに乗ってやってきたポリネシア人の大航海のエピソードや、カメハメハ大王がハワイ統一を果たすため、ワイキキビーチに侵攻してきたときの様子、ハワイ王朝時代の知られざるラブストーリーなど。やさしい語り口ながら時にドラマチック、時にユーモラスで、いつの間にか引き込まれてしまう。現在のワイキキの景色に、当時の光景がオーバーラップするようによみがえり、タイムトリップしたような臨場感を味わえる。合い間に盛り込まれるクイズも興味深く、子どもから大人まで楽しめる内容だ。

初めてハワイを訪れる人にはもちろん、何度も訪れている人にとっても、何気なく通り過ぎていた場所に意外な発見があり、さらに興味が増してくる。

ツアーの見どころ

Start

Kalakaua Avenue　カラカウア通り
集合場所は、ワイキキのメインストリート、カラカウア通りにあるショッピングビル前。かつてこのあたりには一面の水田が広がっていた。

Royal Grove　ロイヤル・グローブ
王家のヤシ園があったロイヤル・ハワイアン・センター。ヤシ園の広さが権力の大きさを現していたという。現在ではハワイを代表する植物を紹介している。

Outrigger Waikiki Beach Resort　アウトリガー・ワイキキ・ビーチ・リゾート
航海時代の様子を描いた絵画やカヌーの模型が展示されているホテルのロビー。古代ハワイアンが使っていた道具類も見ることができる。

Bernice Pauahi　パウアヒ王女
右側がカメハメハ大王の孫にあたるパウアヒ王女。ラブストーリーの主人公だ。

King's Village　キングス・ヴィレッジ
「ハイカラな王様」として人々に親しまれ、日本を訪れたこともあるカラカウア王の邸宅跡。現在のキングス・ヴィレッジは取り壊しが決まっているため、この風景を見られるのはあとわずか。

Goal

Wizard Stones of Kapaemahu　ワイキキ魔法の石
「4つのマナが宿る」神秘の石には、万病を持つおすパワーがあると伝えられる。柵の回りにレイが捧げられ、ハワイの人にとって神聖な場所。

さゆり・ロバーツさん
ハワイで唯一、日本語による歴史ガイドツアーを実施。豊富な知識に裏づけされた解説とていねいな案内、歴史が苦手な人でも楽しめるトリビアネタ満載のツアーが評判。

🏠 2250 Kalakaua Ave., Honolulu
（ワイキキ・ショッピング・プラザ前）※集合場所

📞 808-258-7328

🕐 月・木9:00〜10:30（所要約1.5時間）
※前日17:00までに要予約

💲 大人$15、小学生・中学生$7、未就学児無料
（当日、現金で）

💻 www.hawaii-historic-tour.com

立ち寄りスポット　P.110

立ち寄りスポット 20
Walking & Running

☕ **Coffee Break**
Kai Coffee Hawaii
カイ・コーヒー・ハワイ

1

世界中から厳選した香り高いコーヒーが味わえるカフェ

　ハワイの新しいコーヒー・ブランドとして人気急上昇中のカフェがここ。ハワイのコーヒーとしてまっ先に名前が上がるコナコーヒーを中心に、ブラジル、コロンビア、パプアニューギニアなど世界中の産地から上質の豆を厳選。最新式のエスプレッソマシーンでつくるエスプレッソや、1杯1杯ていねいに淹れるドリップコーヒーもコーヒー好きにはたまらない。

　ペストリーは、パティシエの手作り。ホットサンド、デニッシュなどのメニューも豊富にそろうので、ちょっとおなかがすいたときのブレイクタイムに便利だ。

　デューク・カハナモク像が目の前のホテルショップ内にあり、早朝から夜遅くまで営業。コーヒー豆のほかオリジナルグッズは、ちょっと気の利いたお土産になる。

2

1. 美しいラテアートが楽しみな「カフェ・ラテ」($4.50)。2. 本日のおすすめコーヒー。3.「ベジサンド」($9) と「アイスラテ」($5.75)。

3

```
MAP  P.140／ワイキキ
🏠  2424 Kalakaua Ave., Honolulu
    (ハイアット リージェンシー ワイキキ
    ビーチ リゾート アンド スパ1F)
📞  808-923-1700
🕐  5:30～23:00  休 無休
💻  kaicoffeehawaii.com
```

ビーチから近く、コーヒーメニューのほかアイスティーやフレッシュジュースも。

🍴 Gourmet
The Veranda
ザ・ベランダ

**古き良き時代のワイキキに
思いを巡らせティータイムを**

　1901年の開業以来、「ワイキキのファーストレディ」のニックネームで親しまれているホテルの中庭に、アフタヌーンティーが登場したのは1918年のこと。ここへ来れば当時の貴婦人たちが集った雰囲気そのままのティータイムを過ごすことができる。

　3段のティースタンドに盛りつけられたフィンガーサンドウィッチと、スコーン、色鮮やかなペストリーはすべて自家製。世界中から厳選した茶葉をブレンドしたトロピカルティーが7種類用意され、好みの紅茶を1種類選べる。ティーカップ、プレートなどの陶器類は1987年に行われたリニューアル工事の際、中庭から掘り起こされた器のかけらをもとに、ドイツの陶磁器会社が忠実に再現したもの。かつてのワイキキに想いをはせながら過ごすにはぴったりの場所だ。

1.現存するワイキキ最古のホテルの中庭にあるティールーム。2.3.アフタヌーンティー($34)はひとりからでもオーダーできる。スパークリングワイン付きは$48。

- MAP P.140／ワイキキ
- 2365 Kalakaua Ave., Honolulu（モアナ サーフライダー ウェスティン リゾート&スパ内）
- 808-921-4600（予約専用、日本語OK）
- 6:00〜11:00 (LO10:30)、12:00〜14:45 ※アフタヌーンティーは12:00〜14:45
- 休 無休
- jp.moana-surfrider.com/veranda.htm

ヒストリカル・ルームへ続く階段や1階ロビーの展示品も必見。

Historical Room
ヒストリカル・ルーム

1900年代にタイムスリップ

ホテルの2階にあるのが、創業当時の写真やパンフレット、レストランで使われていた銀食器などが展示されたギャラリー。見学は自由で、月・水・木の11:00からは無料のツアーも実施している。

Walking & Running COURSE 21

Downtown Historic Tour

ダウンタウン歴史街道ツアー

ハワイの歴史と文化を訪ねる
ショート・トリップ

最高裁判所前に立つカメハメハ大王像。ハワイ統一の偉業を果たした英雄をたたえ、毎年6月11日のキング・カメハメハ・デーには、色とりどりのレイで飾られる。

歴史的建造物を訪ね、知る人ぞ知る記念撮影スポットに案内

「ワイキキ歴史街道ツアー」(P.108)のダウンタウン版がこれ。案内役はもちろん、さゆり・ロバーツさん。州庁舎や最高裁判所があるダウンタウンは、東京にたとえるなら霞が関のような官庁街。いっぽうで、ハワイ王朝ゆかりの史跡をはじめとした歴史的建造物が多く残り、美術館も点在する。そんな魅力にあふれたエリアの見どころを効率よく巡るので、ダウンタウンの入門編にぴったりの内容だ。

ツアーは、集合場所にもなっている州庁舎からスタート。ハワイの政治の中枢にふさわしく威風堂々とした建物でありながら、ハワイを取り巻く自然と、そこで暮らす人たちの歩みを紹介するようなデザインや、建築方式が随所に取り入れられていることに驚かされる。また、敷地内に立つ2体の銅像の主、ダミアン神父とリリウオカラニ女王のエピソードには、胸が熱くなるような感動を覚えるに違いない。

通りを隔てた向かい側にある聖アンドリュース大聖堂は内部のステンドグラスが美しく、修道院の回廊もヨーロッパの古い都市を訪れたような気分にさせてくれる。さらに、ハワイ州立美術館、ハワ

Walking & Running 21 Downtown Historic Tour

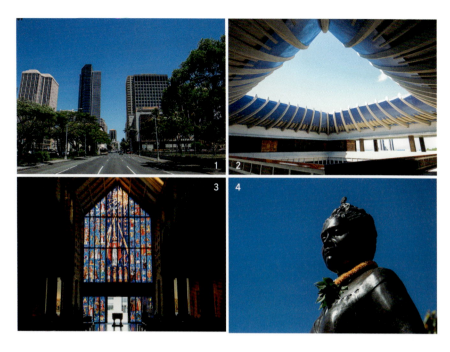

1. 近代的なオフィスビルと歴史的建造物が同居するダウンタウン。 2. 州庁舎中央の吹き抜けには、カヌーをイメージしたデザインがあしらわれている。 3. 聖アンドリュース大聖堂のステンドグラス。 4.「悲劇の女王」と呼ばれるリリウオカラニ女王の像。

イ王朝の歴史を物語るイオラニ宮殿を巡り、最後は最高裁判所前に立つハワイの英雄、カメハメハ大王像を訪れるのが通常のコース。時間に余裕があるときは、参加者の希望により1～2カ所、追加して案内してくれることもあるという。

日が暮れると物騒なイメージがあるダウンタウンだけれど、朝からスタートし昼前には終わるので安心。終了後、ツアーで気になった建築物や美術館をもう一度訪れ、内部をじっくり見学するのがおすすめの楽しみ方だ。

ハワイで最初のラグジュアリーホテル「ザ・ハワイアン・ホテル」があった場所が、現在は州立美術館に。中庭のプールの仕掛けがおもしろい。

ツアーの見どころ

Start

Hawaii State Capitol Building
ハワイ州庁舎
ハワイの政治機能の中枢がここに。最上階にある知事室を訪れ、会見用のデスクで記念撮影タイム。

Statue of Queen Liliuokalani
リリウオカラニ女王像
ハワイ王国最後の女王の像。彼女はハワイアンソングの名曲「アロハ・オエ」の作者でもある。

St. Andrew's Cathedral and Priory
聖アンドリュース大聖堂と修道院
ハワイで初めて王族主導で建築された教会。イギリスから石を運び、90年の歳月をかけて完成した。

Goal

King Kamehameha Statue
カメハメハ大王像
ジェームズ・クック来航100年を記念し、1883年に建立。

Iolani Palace　イオラニ宮殿
アメリカ国内唯一の王宮。ツアー終了後、ぜひ内部の見学に訪れてみたい。ガイドツアー（要予約）、日本語の音声ガイドもあり。

Hawaii State Art Museum
ハワイ州立美術館
ハワイのアーティストの作品を展示。中庭が美しく、ミュージアムショップも必見。

🏠 415 S.Beretania St., Honolulu
（ハワイ州庁舎・ダミアン神父像前）※集合場所

📞 808-258-7328

🕐 火・金9:30～11:30（所要約2時間）
※前日17:00までに要予約

💲 大人$15、小学生・中学生$7、未就学児無料
（当日、現金で）

💻 www.hawaii-historic-tour.com
※プライベートツアーも実施。詳細は応相談。

立ち寄りスポット　P.115

🍴 Gourmet
Cafe Julia
カフェ・ジュリア

歴史ある建築物の中にたたずむ
ヨーロッパ風カフェ

　イオラニ宮殿とはリチャード通りを挟んで向かい側にあるラニアケアYWCAは、20世紀初頭にカリフォルニアで活躍した女性建築家、ジュリア・モーガンの設計により1927年に完成したもの。館内にある彼女にちなんだネーミングのカフェも、ダウンタウン散歩の見どころとして訪れてみたいスポットのひとつ。女性建築家らしい優美さを感じさせるコロニアルスタイルのインテリアはうっとりするほど美しく、その心地よさについ時間を忘れて過ごしてしまいそう。

　ランチタイムとともに、ビールやハウスワインが10％オフにオフになる16〜18時のハッピーアワーもおすすめ。パーティーのため貸し切りになることもあり、営業状況を確認してから訪れるほうがいい。

> MAP P.138／ダウンタウン
> 🏠 1040 Richards St., Honolulu
> 　（ラニアケアYWCA 1F）
> 📠 808-533-3334
> 🕐 月〜金11:00〜14:00、
> 　水〜金・日16:00〜21:00　休 無休
> 💻 www.cafejuliahawaii.com

立ち寄りスポット 21

1

ダウンタウンに残る歴史的建造物のひとつ。建物だけでも見ごたえがある。

2

3

1. 店内は高い天井に周囲の音が吸い込まれ、不思議な静けさに包まれている。2. ランチメニューの「ガーリック・アヒ」（手前：$21.95）と「カプレーゼ」（$16.50）。3. 中庭に通じるエントランス。

Gourmet
The Pig & The Lady
ザ・ピッグ&ザ・レディ

**ファーマーズマーケットから誕生した
実力派の創作ベトナム料理店**

　ハワイはエスニック料理のレベルが高い。日本で食べるものより本場の味に近く、手ごろな価格で味わえるのもうれしい。なかでもベトナム料理店は数が多く、ここは今、最も勢いがある1軒。もとはファーマーズマーケットでプレートランチを販売していたところ、人気に火がつきレストランを構えることに。地元紙の読者が選ぶレストラン・アワード「ハレアイナ賞」のベトナム料理部門で、オープンから1年足らずで金賞を獲得した実力派だ。

　ベトナム風サンドウィッチ「バインミー」をスープに浸して食べる、「フレンチ・ディップ・サンドウィッチ」は必ず食べたいメニュー。ハワイ産の野菜をふんだんに使った創作メニューもぜひ！　いつも混雑してるため、ランチタイムは多少の行列覚悟で。

1. オープンと同時にお客さんが押し寄せ、この通りの大盛況。2.「フレンチ・ディップ・サンドウィッチ」($13)。3. スープが自慢の「フォー」($13)。生のモヤシとフレッシュ・ハーブをたっぷり入れ、ライムを絞って食べる。

- MAP　P.138／ダウンタウン
- 83 N. King St., Honolulu
- 808-585-8255
- 10:30～14:00 (土～15:00)、17:00～22:00
- 休　月のディナー、日
- thepigandthelady.com

キュートなブタの
サインが目印。

🛍 Shopping
Roberta Oaks
ロベルタ・オークス

トレッキング好きのオーナーが作るアロハドレスとシャツ

オーナーのロベルタさんがデザインする洋服は、ヴィンテージ生地を使ったものが中心。女性用のアロハドレスはAラインのかわいらしいデザイン、男性用のシャツはちょっと細身で、上半身が引き締まって見えるのが特徴だ。彼女の趣味のトレッキングの話題で盛り上がるのも楽しい店。

- MAP P.138／ダウンタウン
- 19 N. Pauahi St., Honolulu
- 808-526-1111
- 10:00～18:00（土～16:00、日11:30～16:00）
- 休 無休
- www.robertaoaks.com

1.2. ヴィンテージならではの味わいがあるドレスとシャツ。オーナーのセンスが光る小物類もチェックしてみて。

雑貨のほかオーガニック素材の子ども服や玩具は、お土産にもぴったり。

🛍 Shopping
Owens & Co.
オーウェンズ＆コー

世界中から集めてきたおしゃれ雑貨はプレゼントにもぴったり！

毎日の暮らしがちょっと楽しくなる生活雑貨の宝庫。地元ハワイで作られたハンドメイドのクロスや石けんのほか、ヨーロッパの雑貨類も。できるだけ小さなファクトリーから直接買いつけているといい、ほかの店にはないアイテムを見つける楽しみがある。

- MAP P.138／ダウンタウン
- 1152 Nuuanu Ave., Honolulu
- 808-531-4300
- 10:00～18:00（土・日11:00～16:00）
- 休 無休
- www.owensandcompany.com

レトロなビルの一角にある。

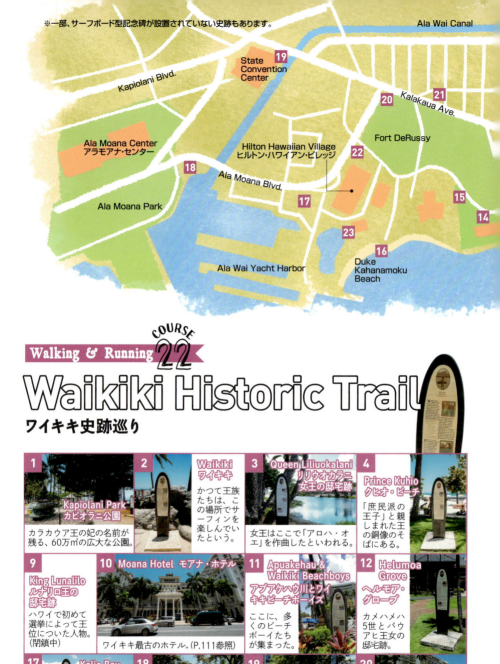

Waikiki Historic Trail
ワイキキ史跡巡り

Walking & Running COURSE 22

1 Kapiolani Park カピオラニ公園
カラカウア王の妃の名前が残る、60万㎡の広大な公園。

2 Waikiki ワイキキ
かつて王族たちは、この場所でサーフィンを楽しんでいたという。

3 Queen Liliuokalani リリウオカラニ女王の邸宅跡
女王はここで「アロハ・オエ」を作曲したといわれる。

4 Prince Kuhio クヒオ・ビーチ
「庶民派の王子」と親しまれた王の銅像のそばにある。

9 King Lunalilo ルナリロ王の邸宅跡
ハワイで初めて選挙によって王位についた人物。(閉鎖中)

10 Moana Hotel モアナ・ホテル
ワイキキ最古のホテル。(P.111参照)

11 Apuakehau & Waikiki Beachboys アプアケハウ川とワイキキビーチボーイズ
ここに、多くのビーチボーイたちが集まった。

12 Helumoa Grove ヘルモア・グローブ
カメハメハ5世とパウアヒ王女の邸宅跡。

17 Kalia Bay カリア湾
このあたりでは昔、魚介が豊富に捕れた。

18 Ala Moana Park アラモアナのアヒル池跡
かつてアヒル池が広がっていた。(ボードは現在撤去)

19 Ala Wai Canal アラワイ運河
20世紀初頭、運河を建設。(P.098参照)

20 Fort DeRussy フォート・デラッシー
デラッシー要塞があった場所。公園内に陸軍博物館も。

Walking & Running **22** Waikiki Historic Trail

サーフボードを巡りながら、昔のワイキキを見つけに行こう！

ワイキキ周辺を歩いていると、サーフボード型の記念碑を見かけることがある。ボードにはその場所の昔の写真とともに歴史やエピソードが英語で紹介され、写真を眺めて現在の様子と比べるだけでも興味深く、ボード探しもゲームのようで楽しい。スポットは23カ所。いくつ見つけられるかトライしてみてはどうだろう。

119

Let's Enjoy Group Running!

ロコと一緒に走るグループ・ランニング！

ランニングは仲間がいると楽しい。ハワイでその気分を味わえるのがグループ・ランニング。事前申し込みは必要なく、参加費も無料。決まった時間に集合した人たちがみんなで楽しく走るというシンプルものだからレベルも関係なし。ハワイにラン仲間を作るチャンス！

SpoNavi Hawaii
スポナビ・ハワイ

参加しやすいワイキキ集合。ラン後のリフレッシュメント・タイムも楽しみ！

初心者大歓迎！

集合時間になると、ワイキキ・ビーチ・ウォークの芝生広場にのぼりが立つのですぐわかる。場所がらツーリストが多く、初めての人、ひとりでも気軽に参加できる雰囲気。コースは、カピオラニ公園か、アラモアナ・パーク方面の2種類。簡単なウォーミングアップ後、ゆっくりペースと速いペースの2グループに分かれスタートする。途中、苦しくなったら歩いてもOKだ。終了後は、飲料水とスナックでリフレッシュ。

1. この日は、アラモアナ・パークのマジック・アイランドへ。赤いシャツがエスコート役のナナさん。2. 初めてでも参加しやすい雰囲気。3. 集合場所は、このののぼりが目印。

MAP	P.140 ／ワイキキ
【集合場所】	227 Lewes St., Honolulu（ルワーズ通りのワイキキ・ビーチ・ウォークSubway前）
【開催時間】	毎週土曜8:00 〜約1時間（10分前に集合）
【内容】	レベルによって2グループに分かれて5〜8kmを走る。
	https://www.sponavihawaii.com/sports/funrun/grouprun

Join us!

1.2. バギーを押した親子ランナーも。常連メンバーの最高齢は、82歳のおじいちゃん！ 3. こんなちびっこも走ってます。 4. お約束の記念撮影タイム。

Honolulu Runners
ホノルル・ランナーズ

**3歳〜80歳まで老若男女が集う
アットホームなイベント**

　アラモアナ・センターに近いスポーツシューズ専門店「ランナーズ・ルート」が主催。周辺にコンドミニアムが多いこともあり、ハワイ在住の日本人の参加が多い。カカアコ、アラモアナ・パーク、マノア、アラワイ、ダウンタウン、ワイキキなどのルートから、その日の参加者の希望に合わせてコースを決定する。スタートの10〜15分前から店内に参加者が集まり始めるので、事前にコミュニケーションを取ってみるのもいいだろう。

- **MAP** P.140／ホノルル
- 【集合場所】1322 Kapiolani Blvd., Honolulu（ランナーズ・ルートのショップ前、P.128参照）
- 【時　間】毎週火曜17:30〜約1時間
- 【内　容】レベルに合わせて、5〜10kmを走る。
- www.run808.com

Tips 03 ビーチ散歩から始めてみよう！

「ショッピングやビーチに忙しくて、歩いてなんかいられない！」
という人は、ビーチ散歩を楽しんでみて。
その気持ちよさを体験したら、もっと歩きたくなるはずだから。

誰でも楽しめるビーチ沿いの散歩道

朝夕、必ず見かけるのが、ビーチ沿いの散歩を楽しむ人たち。特にワイキキでは早朝、まだ薄暗いうちから散歩やランニングに出かける人の多さに驚かされる。試しにまねして早起きしてみたら、これがなんとも気持ちいいこと！ こんな安上がりでお手軽なアクティビティを体験しない手はない。朝食や夕食前の20〜30分、海沿いに延びる遊歩道をぶらぶらと歩いてみてはどうだろう。今まで気づかなかった「自分だけのお気に入りスポット」を発見ができる可能性大。

夢はホノルルマラソン完走！？

散歩より断然気持ちいいのが、ランニング。長い距離を走れなくても問題なし。自分が心地よいペースで走ったり、歩いたりを繰り返すうちに、自然ともっと長い距離を走りたくなってくるはず。見知らぬランナー同士が気軽にあいさつを交わせるのも、ランニングの魅力だ。

スポーツショップでハワイ仕様のウエアをそろえたり、日本未入荷のシューズ探しも楽しい。ハワイで体験したランニングの気持ちよさから、ホノルルマラソンにチャレンジ！なんて人は、けっこう多いらしい。

早朝のビーチは、こんなに静か。散歩＆ランニングは、ハワイのロコにとって日課のようなもの。

ハワイらしいウエアがそろう、スポーツ専門店。

日本未入荷モデルを買って帰れば、ランナー仲間に自慢できる!?

PART
3

歩いて楽しむための厳選おすすめスポット

リラクゼーション・ショッピング・フード

南の島仕様のアイテムは、現地調達がいい。
ハワイを歩くためのシューズやウエアを探すことも、旅の大きな楽しみだ。
少しがんばりすぎた身体をいたわり、
疲れを残さないために、全身のメンテナンスもお忘れなく!

🌺 **Body Care**

Mermaid Cove Spa & Salon
マーメイド・コーヴ・スパ&サロン

**ロミロミ + クラニオセイクラルで
身体本来のリズムを回復**

　窓いっぱいにダイヤモンド・ヘッドの全景が広がるプライベート・サロン。セラピストのリイコさんがおすすめする「クラニオセイクラル」とは「頭蓋仙骨療法」とも呼ばれ、頭のてっぺんからお尻に近い仙骨までをハンドマッサージで調整する整体法のこと。全身の体液の流れがスムーズになるので深いリラクゼーション効果が得られ、自然治癒力が高まるのだとか。これにロミロミと指圧を組み合わせたコースで全身のコリもすっきり。すべてのメニューが、施術前のていねいなカウンセリングとハワイアンソルト入りのアロハフットバス、ハーブティー付き。終了後はリイコさんが屋上まで連れて行ってくれ、この写真のような景色を好きなだけ眺められる。

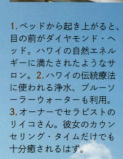

1. ベッドから起き上がると、目の前がダイヤモンド・ヘッド。ハワイの自然エネルギーに満たされたようなサロン。2. ハワイの伝統療法に使われる浄水、ブルーソーラーウォーターも利用。3. オーナーでセラピストのリイコさん。彼女のカウンセリング・タイムだけでも十分癒されるはず。

MAP	P.140／ワイキキ
🏠	134 Kapahulu Ave., #616, Honolulu（ワイキキ・グランド・ホテル6F-616号室）
📞	808-772-7325
🕐	10:00～22:00（最終受付20:00）※完全予約制
休	水曜
$	クラニオセイクラル：60分$100～、ディープブルー（クラニオセイクラルにロミ指圧などを組み合わせたコース）：100分$180
💻	www.mermaidcovespa.com

Relaxation

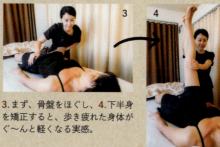

1. ラウンジの窓からはワイキキの街とビーチを眺められる。オリジナル・スリミングジェルの販売もある。 2. トリートメント・ルームは全6室。ボディコース、フェイスコースのほか、体験メニュー、セットメニューを用意。カップルでの利用もおすすめ。

3. まず、骨盤をほぐし、4. 下半身を矯正すると、歩き疲れた身体がぐ〜んと軽くなる実感。

 Body Care

Dr. Body Hawaii　Waikiki
ドクターボディ・ハワイ　ワイキキ店

世界中のトリートメント法を凝縮。
骨のゆがみが整えば、見た目も−5歳!?

　日本でも恵比寿、自由が丘を中心に10店舗以上を展開。ロミロミ、タイ式、指圧など世界各地の整体法にエステを応用した独自のメニューが人気のサロン。日常生活や運動によりゆがみが生じた骨を矯正し、ドレナージュ（リンパ流し）と筋肉のほぐしを行う。骨盤、肩周りの骨が整えば姿勢がよくなり、見た目年齢もぐんと若返るのだとか。効果が長続きするのも特徴で、「いろいろなマッサージを受けてみたけれど、すぐまた症状が戻ってしまう」という人は、試してみる価値あり。

　オリジナル・スリミングジェル「ブルーセルデル」を取り入れたコースがあるのはワイキキ店だけ。女性用サロンのイメージが強いが、男性用のメニューもそろっている。

ワイキキの中心、カラカウア通りにあり、夜遅くまで営業。

MAP P.140 ／ワイキキ
2222 Kalakaua Ave., #1218, Honolulu (DFSギャラリアタワー 12F-1218号室)
808-922-5115
10:00 〜 22:00（最終受付20:00）　休 不定休
ボディコース50分$158 〜、お顔コース25分$50 〜
www.dr-body.jp/shop/detail7.html

🌺 Foot Care

Nail Salon KOKO
ネイルサロン・ココ

ネイルケアをしながら足の疲れもリフレッシュ！

　ハワイへ来たら、普段はなかなかできない華やかネイルでリゾート気分を盛り上げたい人も多いはず。オープン15年目になるこのサロンでは、手足のネイルケアとストーン・マッサージを組み合わせたメニューがおすすめ。ホット・ストーンの遠赤外線効果でむくみと疲れが取れれば、ネイルもいっそう輝いて見える。メンズ、キッズ用メニューがあり、カップルやファミリーで訪れる人も多い。スタッフは全員、日本語ＯＫ。ネットから早めに予約を入れて訪れるのが確実。

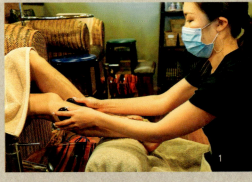

1.2. フットバス、甘皮と角質ケアの後、マッサージ。少し熱めのホット・ストーンが深いところまでじわじわ効いてくる。

「フード・パントリー」裏手の、アラワイ運河沿い。

- MAP　P.140／ワイキキ
- 441 Walina St., Honolulu
- 808-923-4044
- 9:30～19:30　休 無休
- ホットストーンスパペディキュア（カラー 1色付き）$50
- www.nailsalonkoko.com

🌺 Body Care

Body Massage Hawaii
ボディ・マッサージ・ハワイ

1日5人限定！　院長のスペシャル施術はプロスポーツ選手も御用達

　指圧と独自のストレッチを取り入れた施術で疲れを解消。全員、日本人スタッフなので、気になる症状や力加減を伝えやすい。
　このサロンでは、ぜひ院長のRyuta先生のご指名を。その人の体調を見きわめながら行われる90分の施術はリピート率が高く、メンテナンスのため日本から定期的に訪れるスポーツ選手が多い。また、空港やホテルで重いスーツケースを持ちあげた途端、「グキッ！」と腰を痛めて駆け込む人も。人気のため予約が取りにくいが、朝イチの時間帯は比較的すいているとのこと。帰国後に疲れを残さないためには、帰国便搭乗前に施術を受けるのがおすすめだ。

- MAP　P.140／ワイキキ
- 2155 Kalakaua Ave., #714, Honolulu（バンク・オブ・ハワイ・ビル714号室）
- 808-926-0233
- 9:00～18:00　休 日曜
- 院長施術：90分$150、整体・全身調整：60分$80～
- www.bodymassagehawaii.com

Body Care
Total Body Care
トータル・ボディ・ケア

運動科学に基づき、コリや痛みの根本にアプローチする

院長の塚本先生は、自身が体験したスポーツ障害がきっかけでマッサージ師を目指したという経歴の持ち主。ハワイ大学で運動科学を学んだ後、マッサージ師と鍼灸師の資格を取得し、開業した。実体験と理論、技術に裏付けされた施術は、単にコリや痛みをほぐすだけでなく、それぞれの体型や運動経験、日常生活のクセまで、根本となる原因との関連性を見つけアプローチしていく。施術後は、普段の生活に取り入れられるセルフケア方法のアドバイスまでしてくれるのがうれしい。

的確な施術とていねいなアドバイスで定評がある院長の塚本先生。

トリートメント・ルームは全5室。目の前にアラワイ・ゴルフコースが広がる。

院長の生徒さんによる、60分$20〜の全身コースも人気がある。

MAP P.141／ホノルル
449 Kapahulu Ave., #207, Honolulu
（ヒーヒン・プラザ2F-207号室）
808-636-1828
9:00〜18:00（土〜13:00） 休 木曜
マッサージまたは針治療：30分$30〜、
マッサージと針のコンボ：30分$40〜
www.hawaiitbc.com

トリートメント・ルームは高級ホテルの1室のよう。最近、カハラからワイキキへ移転したばかり。

1.2. 下半身調整の後、上半身のゆがみを矯正。痛さがやがて快感に!?ガンコなコリもこれですっきり！

体調と症状に合わせた施術を行ってくれる院長のRyuta先生。

Sports Shoes

Running Room
ランニング・ルーム

熟練スタッフが歩きグセを見ながらぴったりのシューズをセレクト

この店に行くときは、最低でも1時間はみておきたい。というのも、まずスタッフがお客さんのシューズをチェックし、ソールの減り具合や左右差を確認。次に店内を裸足で歩き、膝や足首の関節の柔らかさ、曲がり具合いを見たうえで、その人に合いそうなシューズを何足かセレクト。さらに実際にそれらを履き、歩いたり軽く走ったりする様子から、ぴったりの1足をおすすめしてくれるという、非常にていねいなシステムのため、時間はかかるが、納得のできるシューズ選びができる。

1. トレイルランナーに愛用者が多い「Vibram Bikila Evo」($119.99)。
2. 厚底なのに驚くほど軽い「Hoka One One」($129.99)。
3. ランニングにもウォーキングにも使えるオールラウンド・シューズ「Brooks Adrenaline GTS15」($119.99)。

4. 自身もランナーのストア・マネージャー、ガストンさん。5. ひとりのお客さんに30分以上かけて対応するので、時間の余裕をもって訪れたい。

MAP P.141／ホノルル
819 Kapahulu Ave., Honolulu
808-737-2422
10:00 ～ 19:00 (土・日～17:00)
無休
www.runningroomhawaii.com

Sports Shoes

Runners Route
ランナーズ・ルート

ホノルルマラソン・エキスポにいちばん近いシューズ専門店

12月のホノルルマラソンが近づくと、世界中からランナーが集まり社交場と化すことでおなじみ。お店のスタッフは全員ランナーだから、シューズ選びのアドバイスが的確。彼らが出場した大会のゼッケンが並ぶのも楽しい。アシックス、ミズノ、サッカニーなど人気ブランドは、日本未入荷モデルをチェック。アラモアナ・パークから近いため、ランニング途中に立ち寄るお客さんも多い。毎週火曜日の夕方には、誰でも無料で参加できるグループ・ランニングを開催(P.121)。

ハワイはもとより、世界中のマラソン大会のゼッケンが店内を飾る。

Shoes Store

The Walking Company
ザ・ウォーキング・カンパニー

ランニングからウォーキング、リゾート・サンダルまで幅広く対応

　ランニングやトレッキング用シューズはもちろん、ビジネス用、ドレスアップ用シューズまで、とことん歩きやすさ、快適さにこだわるシューズ専門店。ビルケンシュトック、メフィストなどの人気ブランドも扱うが、おすすめは限定ブランドの「abeo」シリーズ。店内の専用計測器で歩き方をスキャンし、アーチサポート（土踏まず）の高さに合わせて中敷きを調整してくれるシューズやサンダルは、まるでオーダーメイド感覚。計測結果は顧客データに保存され、再訪時やメールオーダーにも使える。

- MAP P.141／ホノルル
- 4211 Waialae Ave., Honolulu（カハラモール内）
- 808-735-2593
- 10:00～21:00（日～18:00）　無休
- www.thewalkingcompany.com

1.「疲れ知らずの3Dサンダル」のニックネームをもつ「abeo」の限定取扱店。2. ウォーキングやハイキング、ビーチにもおすすめのモデル（$109.95）。3. メンズのトレッキング・シューズ（$119）。4. リゾート向きのカラフルなデザインもある（$119.95）。

アラモアナ・センターのすぐ裏手にある。

1. オリジナル・デザインのランニング用Tシャツ（$30）。2. ランニング、軽いトレッキングにも使えるサッカニーの女性用「Kimbara 6」（$100）。3. トレランにはアシックスの「GT-2000 3 Trail」（男性用）（$120）がおすすめ。

- MAP P.140／ホノルル
- 1322 Kapiolani Blvd., Honolulu
- 808-941-3111
- 10:00～20:00（日～18:00）
- 無休
- www.run808.com

ハワイらしく、海やサーフィン、軽いトレッキング用のアイテムが豊富。

🛍 Outdoor Shop
Patagonia
パタゴニア

シーズン毎の新商品にトキメク！ハワイ店限定アイテムはお土産に

　日本にも熱烈なファンが多いパタゴニア。ホノルル店を訪れたら新商品とともに、ハワイ店限定アイテムをぜひチェックしたい。なかでもホノルル店限定のトートバッグやTシャツはお土産にまとめ買いする人が多い。

　定番ともいえるフリースやダウン製品はもちろん、ビーチリゾートの場所がらスイムウェア、サーフィン・アイテム、大型のホイール付きバッグなどの品ぞろえが豊富なことも特長。日本語が話せるスタッフが常駐しているので、製品の特長や使い方をていねいに説明してくれる。シーズンごとに店内の商品構成は変わり、人気アイテムは売り切れやサイズ切れも少なくない。お目当てを見つけたら、「迷わず即、GET！」がおすすめ。

1. 防水性が高く蒸れにくい男性用ジャケット「Torrentshell Stretch Jacket」($199) と、「Quandary Shorts」($69)。2. ホノルル店限定デザインの「Live Simply® Ukulele T-Shirt」($35)、ボードショーツ「Wavefarer Board Shorts」($49) は、カッティングに足長効果あり。3. 「Lightweight Travel Hip Pack 3L」($39)。

人気のカラー、サイズは売り切れ続出！

MAP	P.140／ホノルル
📍	940 Auahi St., Honolulu (ワード・ゲートウェイ・センター内)
☎	808-593-7502
🕐	10:00〜20:00（日〜18:00） 休 無休
💻	www.patagonia.com

ハワイでは、このワード・ゲートウェイ・センターと、ノースショアのハレイワに路面店がある。

Sports Authority
スポーツ・オーソリティー

スポーツに関するものなら
なんでもそろうメガ・ストア

　ハイキングやトレッキングに必要なものをまとめて現地調達するなら、この店が便利。シューズやウエアはもちろん、帽子、バックパック、暑さ対策の小物まで、かゆいところに手が届く品ぞろえ。特にシューズ類はブランドの取り扱い数が多く、用途や機能によって豊富なデザインから選ぶことができる。

MAP P.140／ホノルル
333 Ward Ave., Honolulu
（ワード・ゲートウェイ・センター内）
808-596-0166
10〜5月 9:00〜21:30（金・土〜22:00、日〜21:00）、6〜9月 9:00〜22:00（日〜21:00）　休 無休
hi.honolulu.sportsauthority.com

1. トレッキングポール（$44.99）。2. ウォーターパック付きハイドレーションバッグ（$69.99）。3. 防水性の高い「Columbia」のハイキング・シューズ（$85）。4. 保冷用タオル（$17）。5. ホノルル最大級のスポーツ用品専門店。

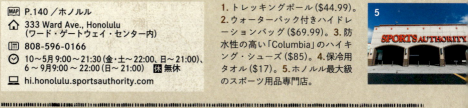

The Ultimate Foot Store
アルティメイト・フット・ストア

コンフォート・シューズもおしゃれに！
足の専門医がオーナーの店

　ローカルの間では「足の痛みを解消してくれる店」として有名。おしゃれなコンフォート・シューズのほか、症状を緩和するフットケア・アイテムが豊富にそろう。専用計測器で足裏の形と荷重バランスを計り、おすすめしてくれるインソールを使えば、手持ちのシューズをより快適にカスタマイズできる。

1. サポーター、痛みを軽減するジェルパッドなど、足の各部位用のケア・アイテムが40種類以上（$9.50〜14）。2. 足裏の計測データにより選べるインソールは$45〜50。3.「Vionic」「Flip Plop」などコンフォート・シューズも取り扱う。

MAP P.140／ホノルル
1050 Ala Moana Blvd., Honolulu
（ワード・ウェアハウス1F）
808-380-8160
10:00〜21:00（日〜18:00）　休 無休
www.theultimatefootstore.com

🛍 Supermarket

Whole Foods Market, Kahala
ホールフーズ・マーケット　カハラ店

必携のケア・アイテム＆行動食は
スーパーマーケットで調達する

　ミネラルウォーターや行動食、日焼け止めなど、シューズ類以外に必要なものは意外に多い。それらをまとめて調達できるスーパーマーケットのなかでも、肌にやさしく体にいいものを選ぶなら、やっぱりここがおすすめ。パンケーキミックスやはちみつ、トートバッグのほか、コスメやサプリメント類もちょっと気が利いたお土産として喜ばれる。

1. 皮膚の角質細胞まで浸透する心配が少ない、ナノ粒子不使用の日焼け止め($17.99)と、リップクリーム($3.49)。2. 関節や皮膚をケアするサプリメント($21.99)。3. カハラ店オリジナルのスキンローション($4.99)。4. スポーツドリンク($1.19)と、グルテンフリーのスナック($2.29)。5. 店内の左奥が、ケア用品とサプリメント類のコーナー。

🗺 P.141／ホノルル
🏠 4211 Waialae Ave., Honolulu
　（カハラモール内）
📞 808-738-0820
🕐 7:00〜22:00　休 無休
💻 www.wholefoodsmarket.com/stores/honolulu

Puka's　プカズ

デリ・メニュー＆アルコールも
楽しめるバーコーナー

　出かける前の腹ごしらえにも、終了後のリラックスタイムにも使えて便利。前菜やサラダ、サンドウィッチや寿司とともに、ビール、ワインのアルコール・メニューも豊富。テイクアウトができるほか、デリの料理を持ち込んで食べてもOK。

🕐 10:00〜21:00　（料理のオーダーは
　　11:00〜20:30、テイクアウトのオー
　　ダーは11:00〜17:00）

1. ハンバーガー$12、チーズボード$16、ビールは$6〜8。2. 店内のほか、テラス席でも料理のオーダーができる。

Cosmetic

Belle Vie
ベル・ヴィー

ハワイの日焼けは、ハワイの植物から作られたコスメでケアする

ワイキキの中心にあり、夜遅くまで営業。

　ハワイの植物成分から作られたスキンケア・アイテムとともに、世界中から選りすぐった話題のコスメが手に入る。なかでもこの店でしか手に入らないオリジナル・ブランド「ハワイアン・ボタニカルス」は、日焼け後のほてりを鎮めるジェルから肌を潤すローション、シミに効果がある美容液までライン使いがおすすめ。コスメ専門店でありながら筋肉痛やコリをほぐすアイテムまで、かゆいところに手が届く品ぞろえも魅力。

　日焼け止め効果があるファンデーションやリップグロス、サプリメント類も豊富にそろう。スタッフはみんな日本人なので、気軽に相談してみて。日本からネット注文もOK。会員登録すれば、割引価格で購入できる。

- MAP P.140／ワイキキ
- 2250 Kalakaua Ave., Honolulu（ワイキキ・ショッピング・プラザ1F）
- 808-926-7850
- 10:00～22:30　休 無休
- www.belle-vie.com

1. 日焼け後の肌を冷やして潤すフェイスミスト「M.E.T.A.」（大：$55、小：$30）と、ボディ用ジェル「OLU」（$25）。**2.** ヒアルロン酸配合の化粧水「PAKI」（$51）とシミ取りジェル「MUA」（朝用と夜用の2本セット$180）。**3.** 肩コリや筋肉痛には「EHA」を（$39）。**4.** メイクの仕上げにブラシでさっとつければ日焼け止め効果がアップ。SPF50のミネラルパウダー（左：各$62）と、口に入っても安全な成分で作られたグロス（左：$20、右：$25）。

🍴 Cafe & Deli

Kaimana Farm Café
カイマナ・ファーム・カフェ

ローカルの食材を使った
身体にやさしいメニューを味わえる

カフェ好きが高じ、この店をオープンしたオーナーのジュンコさん。カリフォルニアのカフェご飯をイメージし、デリ・コーナーに並ぶのはヘルシーな野菜料理が中心。ノースショア、カイルア、ハワイカイやホノルル周辺のローカル・ファームをサポートする目的もあり、なるべくハワイ産のオーガニック食材を取り入れている。ヒジキ、レンコン、豆腐など日本人が食べなれた食材も多く、全体に薄味なのもうれしい。小さな子ども連れや、シニアにも人気があるのもうなずける。

お好みのデリ・メニューを選べるプレートメニューのほか、やさしい甘さの手作りスイーツ、平日13:30～15:30限定のアフタヌーン・ティーも、ぜひ味わってみたい。

MAP P.141／ホノルル
845 Kapahulu Ave., Honolulu
808-737-2840
8:00～16:00　休 火曜

1.2. 手作り感あふれるインテリア。壁面の黒板のイラストは、オーナーのジュンコさんによるもの。

3. メイン料理1品と、デリ・メニューから好きな5品を選べる「カイマナ・パワー弁当」($11.90～)。
4. ケールがベースのスムージー「ケール・ノースショア」($5)。

🥤 **Healthy Drink**

Jugo Life
フーゴ・ライフ

話題のジュースクレンズに
ハワイ産フルーツ＆野菜でトライ

「Jugo（フーゴ）」とはスペイン語で「ジュース」という意味。人気急上昇中のジュースクレンズに、ハワイのフルーツや果物から作ったコールド・プレス・ジュースでトライできる。すべてオーガニックの材料から作られるジュースは全13種類。「Happiness」「Love」「Peace」などのネーミングから選ぶのも楽しい。

MAP P.141／ホノルル
🏠 2463 S. King St., Honolulu
📞 808-679-8010
🕘 9:00〜20:00
（土10:00〜18:00、日10:00〜16:00） 休 月曜
💻 drinkjugolife.com

1.2. おいしさはもちろん、色にもこだわって食材を組み合わせている。1本$7〜10、ジュースクレンズ・メニューは1日分6本$50。3. 店内ではすべての種類の試飲ができる。

🍴 **Sweets & Sandwich**

Henry's Place
高橋果実店

手作りアイス＆サンドウィッチの
懐かしい味にキュン！

ワイキキの中心部に近く、ランニングの行き帰りや、ビーチ帰りに濡れた水着のままでもふらりと立ち寄れる店。人気のアイスクリームは、手作りの自然の甘さ。ラップに具の種類が手書きされたサンドウィッチの無造作な感じもいい。のどがカラカラ＆腹ペコのときは、店の外のイスに座ってぱくついて！

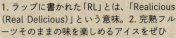

1. ラップに書かれた「RL」とは、「Realicious (Real Delicious)」という意味。2. 完熟フルーツそのままの味を楽しめるアイスをぜひ

MAP P.140／ワイキキ
🏠 234 Beachwalk, Honolulu
📞 808-255-6323
🕘 7:00〜22:00 休 無休

3. 見落としてしまいそうなほど小さな店ながら、ワイキキでは有名な老舗果実店。

「ただいま！」と
帰ってきたくなる
わが家のような
ノスタルジック・ホテル

The Breakers Hotel
ブレーカーズホテル

まるで時間が止まった癒し空間

　目まぐるしく変化するリゾートタウン、ワイキキにあって、このホテルに一歩足を踏み入れると突然、懐かしい場所に引き戻されたような錯覚に陥る。それが2〜3日目になると、「ただいま！」とフロントのスタッフや、プールサイドでくつろぐ人たちに向かって、大きな声をかけたくなる。ここは、そんな不思議な場所だ。
　ゲストは長期滞在の、どちらかというとお年を召した方が多い。そして、プールがある中庭に面した部屋のドアは、ほとんどが開けっぱなし。ドアノブに新聞や郵便物が入った袋がかかっている部屋もあり、1〜2カ月ここを住まいにして滞在するような人も少なくないとか。
　プールサイドではひがな1日、本を読んで過ごす人、おしゃべりに興じる老婦人たち。確かに時間が流れているはずなのに、外から帰ってくると出かける前とそのまま同じ風景がそこに広がっているように感じるのだ。
　まさに、ワイキキの奇跡。このアットホームな空気にふれたら、再び戻ってきたくなるにちがいない。

1. プールサイドで過ごす老紳士たち。夕刻になると誰からともなく飲み物を持ち寄り、小さなパーティーが始まることもある。2. ガーデンスイートのベッドルーム。3. すべての客室がキッチン付き。

プールがある中庭に面したガーデンスイート。ほとんどのゲストが昼間はドアを開け放ち、客室とプールサイドを行ったり来たり。

シンプルだからこその心地よさ

　バスタブはなく、シャワーのみ。アメニティも石けんが1個だけ。けれど、必要なものは目の前のコンビニに行けば手に入るから不便はなし。それより室内もバスルームのタオルも、とても清潔であることがうれしい。

　トレッキングやランニングで汗まみれになって帰ってきても、そのままプールサイドのデッキチェアでごろんとくつろげる。すると、誰かがきっと、「どこへ出かけてきたの？」と声をかけてくれるだろう。そんな気兼ねのいらない心地よさがこのホテルにはある。

4. フロントデスク。3～4日も滞在すれば、顔と名前を覚えてくれる。5.6.看板ニャンコの写真は、このホテルに宿泊したゲストが撮って送ってくれたもの。

MAP P.140／ワイキキ
250 Beachwalk, Honolulu
808-923-3181　FAX 808-923-7174
シングル$140～、ツイン$150～、ガーデンスイート1人：$195、2人：$220、3人：$245、4人：$265、5人：$285　全63室
www.breakers-hawaii.com

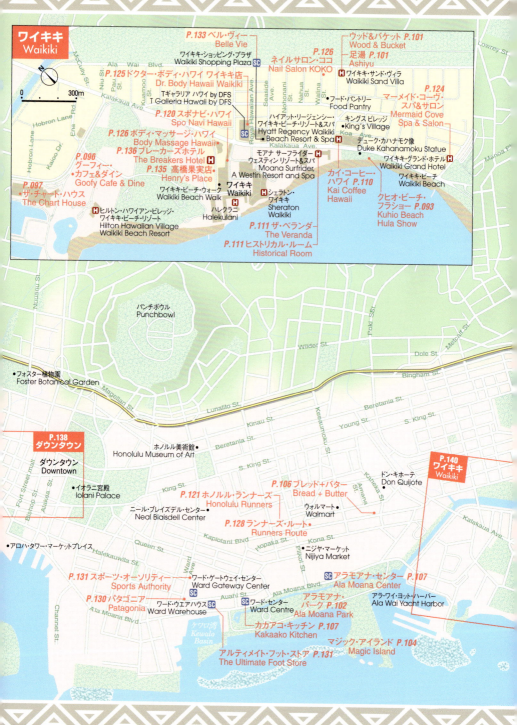

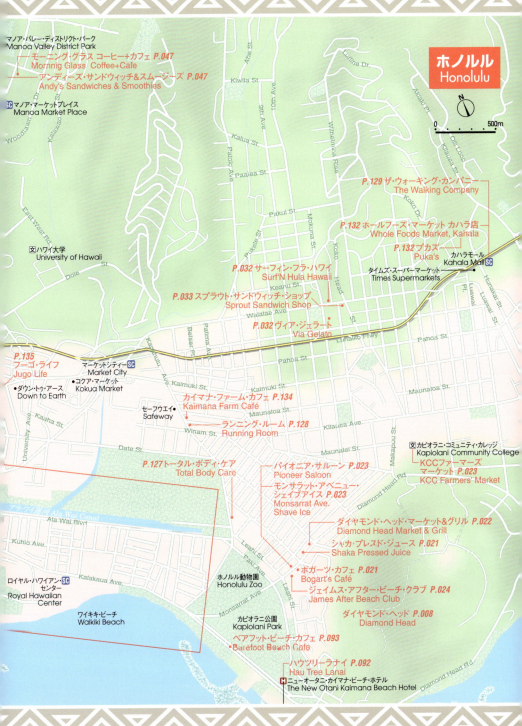

Index

コース

あ
アラモアナ・パーク　Ala Moana Park…102
アラワイ運河　Ala Wai Canal……098
アロハアイナエコツアーズ
Aloha Aina Eco Tours……085

か
カイヴァ・リッジ・トレイル（ピルボックス）
Kaiwa Ridge Trail (The Pillbox)……062
カエナ岬 南海岸　Kaena Point　South…070
クリオウオウ・リッジ・トレイル
Kuliouou Ridge Trail……056
ココ・ヘッド・トレイル　Koko Head Trail…048

さ
ジャッド・メモリアル・トレイル
Judd Memorial Trail……038
ジャングル・ハイキング・ツアー
Jungle Hiking Tour……082

た
ダイヤモンド・ヘッド　Diamond Head…008
ダイヤモンド・ヘッド・サンライズ・トレッキング
Diamond Head Sunrise Trekking……010
ダイヤモンド・ヘッド一周
Go Around Diamond Head……016
ダウンタウン歴史街道ツアー
Downtown Historic Tour……112

な・は
ハイキング・ハワイ　Haiking Hawaii……081
ハウウラ・ループ・トレイル・ツアー
Hauula Loop Trail Tour……078
ピルボックス（カイヴァ・リッジ・トレイル）
The Pillbox(Kaiwa Ridge Trail)……062

ま
マウウマエ・リッジ・トレイル（ラニポ・サミット）
Mauumae Ridge Trail(Lanipo Summit)……026
マカプウ岬　Makapuu Point……052
マジック・アイランド　Magic Island……104
マノア滝　Manoa Falls……042

や・ら
ライオン植物園　Lyon Arboretum……045
ラニポ・ポイント（マウウマエ・リッジ・トレイル）
Lanipo Summit (Mauumae Ridge Trail)…026
ルルマフ滝　Lulumahu Falls……034

わ
ワイキキ・ビーチ散歩 西コース
Waikiki Beach　West……094
ワイキキ・ビーチ散歩 東コース
Waikiki Beach　East……090
ワイキキ史跡巡り
Waikiki Historic Trail……118
ワイキキ歴史街道ツアー
Waikiki Historic Tour……108

スポット

あ
足湯　Ashiyu……101
アラモアナ・センター　Ala Moana Center…107
アルティメイト・フット・ストア
The Ultimate Foot Store……131
アンクル・クレイズ ハウス・オブ・ピュア・アロハ
Uncle Clay's House of Pure Aloha…061
アンディーズ・サンドウィッチ＆スムージーズ
Andy's Sandwiches & Smoothies……047
ヴィア・ジェラート　Via Gelato……032
ウィミニ・ハワイ　Wimini Hawaii……067
ウッド＆バケット　Wood & Bucket……101
オーウェンズ＆コー　Owens & Co.……117

か
カイ・コーヒー・ハワイ
Kai Coffee Hawaii……110
カイマナ・ファーム・カフェ
Kaimana Farm Café……134
カイルア・バイシクル（カイルア案内所）
Kailua Bicycle……068
カカアコ・キッチン　Kakaako Kitchen……107
カニアカププ（カメハメハ3世の避暑地跡）
Kaniakapupu (Kamehameha Ⅲ Ruins)…041

142

カネアナ洞窟（マクア洞窟）
Kaneana Cave (Makua Cave) ……077

カフェ・ジュリア　Cafe Julia……115

カラパワイ・マーケット　Kalapawai Market…066

グーフィー・カフェ＆ダイン
Goofy Cafe & Dine……096

クヒオ・ビーチ・フラショー
Kuhio Beach Hula Show……093

KCC・ファーマーズ・マーケット
KCC Farmers' Market……023

コナ・ブリューイング・カンパニー　ココ・マリーナ・パブ
Kona Brewing Company, Koko Marina Pub…059

さ

ザ・ウォーキング・カンパニー
The Walking Company……129

ザ・チャート・ハウス　The Chart House…097

ザ・ピッグ＆ザ・レディ　The Pig & The Lady…116

ザ・ベランダ　The Veranda……111

サーフィン・フラ・ハワイ　Surf'N Hula Hawaii…032

シーライフ・パーク・ハワイ
Sea Life Park Hawaii…060

ジェイムス・アフター・ビーチ・クラブ
James After Beach Club……024

シャカ・プレスド・ジュース
Shaka Pressed Juice……021

スプラウト・サンドウィッチ・ショップ
Sprout Sandwich Shop……033

スポーツ・オーソリティー
Sports Authority……131

スポナビ・ハワイ　Spo Navi Hawaii…120

セブンイレブン　マカハ店　7-11 Makaha…077

た

ダイヤモンド・ヘッド・マーケット＆グリル
Diamond Head Market & Grill……022

高橋果実店　Henry's Place……135

トータル・ボディ・ケア　Total Body Care…127

ドクター・ボディ・ハワイ　ワイキキ店
Dr. Body Hawaii　Waikiki……125

な

ネイルサロン・ココ　Nail Salon KOKO……126

は

パイオニア・サルーン　Pioneer Saloon…023

ハウツリーラナイ　Hau Tree Lanai……092

パタゴニア　Patagonia……130

ヒストリカル・ルーム　Historical Room……111

ピンクス　Pink's……060

フーゴ・ライフ　Jugo Life……135

プカズ　Puka's……132

ブレーカーズホテル　The Breakers Hotel…136

ブレッド＋バター　Bread + Butter……106

ベアフット・ビーチ・カフェ
Barefoot Beach Cafe……093

ベル・ヴィー　Belle Vie……133

ホールフーズ・マーケット　カハラ店
Whole Foods Market, Kahala……132

ボガーツ・カフェ　Bogart's Café……021

ボディ・マッサージ・ハワイ
Body Massage Hawaii……126

ホノルル・ランナーズ
Honolulu Runners……121

ま

マーメイド・コーヴ・スパ＆サロン
Mermaid Cove Spa & Salon……124

マクア洞窟（カネアナ洞窟）
Makua Cave (kaneana Cave)……077

モエナ・カフェ　Moena Cafe……061

モーニング・グラス　コーヒー＋カフェ
Mornnig Glass　Coffee+Cafe……047

モンサラット・アベニュー・シェイブアイス
Monsarrat Ave. Shave Ice……023

や

ヨコハマ・ベイ・ビーチ
Yokohama Bay Beach……077

ら・わ

ラニカイ・ビーチ　Lanikai Beach……068

ランナーズ・ルート　Runners Route……128

ランニング・ルーム　Running Room……128

ロベルタ・オークス　Roberta Oaks……117

永田さち子 Sachiko Nagata

国内外の旅、食、ライフスタイルをテーマに雑誌を中心に寄稿。旅先へはランニングシューズを持参し、街角ウォッチングとともに身近な自然や小動物、かわいいものとの出会いを楽しみに快走中。著書に『自然のしごとがわかる本』(沼澤将夫と共著、山と溪谷社)、ハワイ本では宮澤拓との共著『よくばりハワイ』、『よくばりハワイ ビッグ・アイランド編』(翔泳社)、『ハワイのスーパーマーケット』(実業之日本社)ほか。海外旅行情報サイト『Risvel』(www.risvel.com)にトラベルコラム「よくばりな旅人」を連載中。

宮澤 拓 Taku Miyazawa

ハワイの気候、風土、そして人々に魅せられてオアフ島に移住。10年以上経った現在でも新しい発見は尽きず、ハワイの奥深さにただ感嘆し続けている日々。雑誌、広告の撮影を手がけるかたわら「自分たちの目線でハワイの魅力を伝えたい」という思いで、年に1～2冊ペースでハワイをテーマにした書籍をつくり続けている。永田さち子との共著に『よくばりハワイ』シリーズ(翔泳社)など多数。最新作は『ハワイのスーパーマーケット』(実業之日本社)。2015年夏、ハワイ在住のフォトグラファーたちとともにハワイの写真サイトwww.aosolaimages.comを立ち上げ、「一人でも多くの方々とハワイの魅力を共有したい」という気持ちで、今日もどこかで撮影に奮闘中。

海・山・街歩き&ラン
ハワイを歩いて楽しむ本

2015年11月19日 初版第1刷発行
2016年12月 1 日 初版第2刷発行

著 者	永田さち子／宮澤 拓
発行者	岩野裕一
発行所	実業之日本社

〒153-0044
東京都目黒区大橋1-5-1 クロスエアタワー8階
電話(編集)03-6809-0452
　　(販売)03-6809-0495
https://www.j-n.co.jp/

印刷所　大日本印刷株式会社
製本所　株式会社ブックアート

©Sachiko Nagata, Taku Miyazawa, 2015
Printed in Japan
ISBN978-4-408-45568-6(第一趣味)

文　　永田さち子
写真　　宮澤 拓
ブックデザイン　清水佳子
現地コーディネート
MAIKO IZON　マイコ・アイゾン
イラストMAP　岡本倫幸
地図制作　千秋社

取材協力
H.I.S.　エイチ・アイ・エス
The Breakers Hotel　ブレーカーズホテル

A hui hou~!

落丁・乱丁の場合は小社でお取り替えいたします。実業之日本社のプライバシー・ポリシー(個人情報の取扱い)は、上記サイトをご覧ください。本書の一部あるいは全部を無断で複写・複製(コピー、スキャン、デジタル化等)・転載することは、法律で認められた場合を除き、禁じられています。また、購入者以外の第三者による本書のいかなる電子複製も一切認められておりません。